UNA FAMILIA HABANERA

COLECCIÓN CUBA Y SUS JUECES

EDICIONES UNIVERSAL, Miami, Florida, 1998

Eloísa Lezama Lima

UNA FAMILIA HABANERA

EDICIONES UNIVERSAL

Primera edición, 1998

EDICIONES UNIVERSAL
P.O. Box 450353 (Shenandoah Station)
Miami, FL 33245-0353. USA
Tel: (305) 642-3234   Fax: (305) 642-7978
e-mail: ediciones@kampung.net

Library of Congress Catalog Card No.: 98-84327
I.S.B.N.: 0-89729-862-4

Composición de textos: María C. Salvat-Olson

Foto en la cubierta: La madre rodeada de sus hijos:
Rosita, José y Eloísa Lezama Lima
En la cubierta posterior: residencia en La Habana de la familia de Eloísa Lezama Lima.
Arquitecto: Frank Martínez

A mi nieto
Orlando Álvarez

José Lezama Lima y su hermana Eloísa.
La Habana, 1937, Relleno del Malecón.

INTRODUCCIÓN

Los primeros capítulos de *Paradiso* recrean nuestra vida familiar en una urdimbre barroca. Mi hermano va haciendo una tela de araña con las anécdotas que los Lima (Olaya en *Paradiso*) repetían una y otra vez con fruición. Allí está el memorial familiar novelado, sublimado o trastocado. Lezama Lima sólo utilizó lo poetizable, la cantidad hechizada. Hay una intrahistoria complementaria, esclarecedora, que él no quiso perpetuar, pero ya no nos pertenece y me siento obligada a entregar cualquier dato antes que mi memoria se obnubile.

Éramos púdicos, secreteros, misteriosos y teníamos como lema el concepto de Verlaine de que cuando las cosas se dicen claramente pierden las dos terceras partes de su valor. Ya todo es un recuerdo, una nostalgia, un rosario de cuentas desgastadas. Siento la necesidad de detener el tiempo, forzarme a recordar y a revivir aquellos años de mi infancia y de mi adolescencia, escudriñarme, exigirme, rezumar fotos, imágenes, escenas dramáticas que me torturarán o sainetes que me harán soltar una carcajada. Pueriles recuerdos de quien tenía el privilegio de vivir una cotidianidad colorinesca proporcionada en gran parte por un juglar que remedaba leyendas, por un sabio viejo que parecía salido de una dinastía china, por un hombre formado en una tradición clásica, pero que chisporroteaba un surrealismo desconcertante.

Estas crónicas tienen el mérito de la sagacidad de una niña que descubrió cómo se incubaba en su hermano un germen genial. Es por eso que debo hacer esta relectura biográfica de ese personaje fabuloso que se llamó José Lezama Lima.

Otros personajes que nos rodeaban aparecerán desdibujados y aunque nos acompañarán en nuestro periplo creador, nunca opacarán la gran figura que siempre ocupó mi atención.

Yo seré la cronista y deben disculparme cierta ingenuidad puesto que trataré de transcribir lo ocurrido tal como lo percibí entonces; los agregados de más actualidad son fácilmente identificables. No preciso fechas porque no quiero que la memoria me traicione y me ofrezca números equivocados. Sin embargo, reproduzco con fidelidad estos recuerdos deshilvanados, recuerdos que me hirieron profundamente.

Mi hermano me instaba para que agregara páginas a los primeros capítulos de *Paradiso* y que diera mi versión del otro lado de la moneda. Me repetía que la infancia es la novela de todos. Que el prólogo de mi edición de *Paradiso*[1] y el de las *Cartas*[2] sirvan para completar esta introducción.

---

[1] Lezama Lima, José, *Paradiso*, ed. Eloísa Lezama Lima, Cátedra, Madrid, 1984 y siguientes.

[2] Lezama Lima, José, *Cartas*, Ediciones Orígenes, Madrid, 1979.

I

¡Arriba el ancla! —gritaba Mamá desde la cama. Jocelyn y yo abríamos los ojos indignados. Y se sucedían los versos: "Llegó el instante y le dije adiós" —agregaba Mamá sin importarle nuestra protesta. "Y entre sollozos la despedida" —continuaba Mamá con más bríos.

Jocelyn rezongaba que no era justo que un poeta desvelado hasta las cuatro de la madrugada interrumpiera su sueño a las seis para que dos viejas con presiones altas sostuvieran esos diálogos tempraneros tan mediocres utilizando versos de Espronceda. *La canción del pirata* al amanecer lo irritaba.

Baldomera (la Baldovina de *Paradiso*) era muy brusca, a pesar de su frágil aspecto. Decía Jocelyn que se acercaba más al reino mineral que al vegetal. Nunca utilizó el plumero con delicadeza, aunque fuera de plumas de ganso; lo empuñaba con tal fuerza que siempre atinaba a que el mango de madera le diera a la porcelana. Saltaban fragmentos de una patita del carnerito o de la nariz de la pastora; al día siguiente amanecían pegados con jabón amarillo. Nunca Baldomera aceptaba que había sido ella y lo negaba impávida. Mi Madre le reprochaba la mentira y ella se defendía diciendo que el cura de su aldea le había dicho que esos no eran pecados.

Cuando Baldomera llegó de España era la diversión de los soldados del Polígono de Columbia, donde vivían mis padres. Abría un hueco en la tierra y allí hacía sus necesidades puesto que no quería usar los servicios sanitarios. Mamá la fue civilizando y se convirtió en una fiel sirvienta.

La sala estaba atestada de maceteros de cerámica y de bronce, de figuras de porcelana, de platos de pared de plata, todos comprados en mejores tiempos y cada uno con su historia. Recuerdo la del Cupido, una porcelana de Limoges exquisita, que abuela narraba su procedencia con fruición. Según la anécdota, mi abuelo tenía relaciones de negocio con un inglés que visitaba la casa de tarde en tarde. En una de las visitas celebró un reloj de pared de no mucho valor y mi abuelo, por cortesía, le dijo: "Es suyo." Cuando el inglés se despidió recordó el ofrecimiento y se llevó el reloj con la sorpresa de todos. Hubo comentarios desagradables del desenfadado inglés. Al día siguiente llegó el Cupido de Limoges cuyo valor superaba con mucho al reloj.

Estas exquisiteces finiseculares que decoraban la casa contrastaban con el arte cubano que invadía las paredes y los anaqueles de los libreros: un Escobedo, varios Ponces, un Arche, más de un Portocarrero, un gallo de Manano, un Arístides Fernández, regalados a mi hermano. Y por supuesto, un retrato gigantesco de mi padre con el uniforme de gala de Coronel del Ejército Nacional de Cuba.

—Rosa María, ¿por qué tiene las manos tan grandes? —preguntaban las viejas amigas de la familia mirando el retrato de mi hermano pintado por Jorge Arche. Mamá, que sin gustarle el detalle de las manos, ya estaba instruida en el arte surrealista, con gran orgullo contestaba: —Porque mi hijo es un escritor y son manos simbólicas. Había una tía, pintora de flores, que sólo concebía la pintura realista que había aprendido en la Academia de San Alejandro, que invariablemente repetía: —Rosa María, ¿por qué permites que tu hijo cuelgue los cuadros de ese tal Fidelio Ponce? En verdad me entristezco cada vez que te vengo a visitar. Y sobre todo, el horror de colocarte encima de tu cama ese tan dramático titulado La Dolorosa. ¿No te desvela, querida Rosa? Mamá saltaba de indignación, a pesar de que no estaba en total desacuerdo con la tía. —Mi hijo está seguro de que Ponce será de los grandes de la pintura cubana. Una escultura de Alfredo Lozano estaba sobre un gran librero. Era una mujer con piernas gordas y cara desconsolada. Mi hermano explicaba que el escultor Lozano, después de un viaje a México había regresado deslumbrado por el arte mexicano. Esa figura me gustaba tanto que la recuerdo siempre y cómo hoy quisiera saber dónde está.

Nuestra casa ha sido convertida en una biblioteca, pero ni las pinturas, ni los libros, ni las esculturas que pertenecieron a mi hermano están allí. Todos cobraron gran valor al pasar algunos años. Ojalá estén preservados en lugares adecuados.

Ese castrar nuestro entorno es delito de lesa patria, es mutilación.

Mi padre, el coronel Lezama.

II

"Deben elegirlo alcalde de La Habana" —opinaba Baldomera cuando Jocelyn se graduó de Bachiller en Ciencias y Letras. "Sabe más que nadie en esta ciudad" —agregaba.

La aparente insensatez de Baldomera la hacía hablar con una sabiduría sibilina. En un medio ambiente mediocre aquel jovencito daba la impresión de una enciclopedia viviente. Por supuesto, su saber no era atributo para ocupar un cargo político, pero ella no podía expresar mejor su admiración.

Al pasar los años aquella testigo de una vida entregada a los menesteres de la cultura, seguiría pregonando por montes y praderas la excelencia de su señor. Debo subrayar que lo cuidaba desde que era un infante y que la intimidad no menguó el respeto y la seguridad en su alto destino. Ella y yo compartíamos una firme fe en él.

En la casa de Prado #9 vivimos hasta el año 1928. El Paseo del Prado era una larga avenida, elegante y muy bella. Ya en los últimos años de vivir allí se había iniciado su decadencia; la mayoría de las familias aristocráticas se habían mudado del centro de La Habana, se habían alejado de la ruidosa ciudad, pero aún la larga avenida del Prado conservaba cierta categoría.

En la sala de nuestra casa había una exquisita lámpara de canelones de cristal cortado, una cocuyera, decía Mamá. En días señalados se encendía la lámpara y la casa tomaba enseguida aires de fiesta. Previamente al 30 de agosto —santo de mamá y de Rosita, mi hermana— se limpiaba cada canelón y el relumbrón cegaba. Cuando fuimos creciendo la odiábamos porque los canelones se fueron rompiendo, al unísono con nuestra decadencia económica.

Cuando se inició el éxodo de familias de clase alta del Paseo del Prado se apoderaron de aquellas hermosas casas coloniales "boutiques," florerías, exhibiciones de carros y la casa contigua a la nuestra fue ocupada por el Jardín Milagros. Cada dos o tres días nos regalaban un "bouquet" de flores, lo que le daba gran prestancia a la sala de nuestra casa.

A la muerte de mi padre, nuestra Madre creyó que una viuda embarazada con dos niños debería volver a la casa solariega donde vivían su madre y sus dos hermanos solterones. En aquella casa constituimos Mamá, Rosita, Jocelyn y yo una subfamilia dentro de aquel pintoresco familión. Aquella decisión no la tomó Rosa Lima por motivos económicos puesto que la casa era un cascarón vacío, gravada con una considerable hipoteca. Mi abuela se pasaba la mayor parte del tiempo en las casas de sus otras dos hijas: Alicia, la esposa del médico, vivía en Camagüey y Matilde, casada con un militar, residía en Guanabacoa.

Las Lima amaban vivir en aquella casa de Prado #9. Sentarse en el portal en los carnavales era un placer sensual que trasmitieron a sus maridos.

"¡Lezama, quítate la gorra!", gritaban desde las carrozas los **andruejos** amigos que sabían lo que le disgustaba su prematura calvicie. La cara de Mamá se llenaba de ternura para repetirnos su indignada respuesta: "El reglamento del ejército permite al militar permanecer con la gorra puesta."

La mudada a Prado hizo sufrir mucho a nuestra madre pues, a pesar de sufragar todos los gastos, no era su casa y estaba obligada a dar permiso al entra y sale familiar.

Al pasar los años he pensado que nutrió nuestro inconsciente, ambientó *Paradiso*, nos unió y nos diferenció de aquel clan.

Los Lima tenían enredos familiares de herencias y traiciones. Hablaban con gran fluidez y corrección, pero sobre todo, tenían un gran manejo de la jurisprudencia. Discutían con tal ardor que recobraban novedad inusitada una y otra vez las casas perdidas o mal vendidas, las acciones devaluadas, las hipotecas... En el fragor de las discusiones se oían intercaladas palabras crueles que, sin aludir directamente, todos los niños sabíamos a quiénes se referían: "ladrón con levita," "azuquita," "el jorobado," "la tuberculosa." En mi recuerdo se agiganta la cultura promedio de aquella familia a la que nunca concedimos categoría de cultos y, sin embargo, en aquellos días recitaban versos de Martí, de Bécquer, de Campoamor, mientras los hombres abundaban en la teoría de Laplace, en teoremas, en silogismos y otras mil cosas desconcertantes para gente que no tenía nada que ver con la cultura. ¡No sé si era característica de la época o de aquella familia barroca! Hoy, que raras veces se oyen citas de versos, el recuerdo nos deleita. Y, sin embargo, Jocelyn repetía: "Llegué a la cultura como un ciervo herido."

Jocelyn conservaba un viejo rifle de mi padre, y en ocasiones irrumpía en el comedor apuntando como para disparar. Todas las Lima eran muy histéricas, por eso cuando mi hermano muy serio decía con una voz muy viril: "O se callan o disparo," lograba un silencio total. Después agobiaban a mi madre recriminándole la conducta de su hijo. No sé si he dicho que Mamá era sólo oyente en aquellas discusiones porque aún estaba muy apesadumbrada por la muerte del Coronel. Yo me escondía a jugar entre dos puertas que formaban un estratégico rincón. Abuela colgaba en un gancho su bata de dormir bañada en colonia de Guerlain, la que despedía una fragancia exquisita. Allí pasaba largos ratos y oía sin ser vista. Muchas veces me pareció oír que nosotros no pagábamos alquiler, pero nunca se lo dije ni a Mamá ni a mis hermanos para que no se preocuparan. Andresito, mi primo, fue mi primer amor. Nos unimos porque cuando empezaban las discusiones familiares, poníamos una vieja vitrola a todo volumen para que los vecinos no se enteraran de los enredos domésticos. Los Lima pertenecían a una familia burguesa venida a menos, que "guardaba la forma." Eran cuidadosos de que nada vituperable trascendiera. Era impresionante ver cómo en medio de aquellas batoholas, si llegaba una visita, el clima se tornaba sereno, armónico, plácido. Era como si pudieran cambiar de un idiolecto a otro insensiblemente.

15

Mi madre y mi hermano, en los años sesenta.
Sala de la casa de mamá.

III

Se oyeron gritos estentóreos de la criada. "Corran que han asesinado a la niña." Los padres y los hermanitos se acercaron despavoridos y al llegar a la cuna encontraron a la bebita en un mar de sangre. "No es posible" —gritó la madre. El padre, con ese machismo típico del español, aparentó conservar la serenidad y alzó a la niña que empezó a llorar con desesperación. "Está viva, llamen al médico que vive en frente" —ordenó a un criado. Cuando llegó el médico, los ataques de histeria continuaban. El vecino le reconoció el corazón y diagnosticó que la niñita de apenas un año estaba perfectamente. Pidió una toalla y le limpió la sangre hasta descubrir que el chorro de sangre provenía de un dedito al que le faltaba la yema. "No hay duda, una rata le ha comido la mitad de la yema de la falange" —dijo el doctor. Esa anécdota ocurrida en Puerto Rico y que tomó caracteres de leyenda infantil era narrada a todos los niños de la familia en cuanto tenían uso de razón. Mi abuela mostraba su dedo para indicar la cicatriz y darle gran realidad al incidente: razón para explicar ese miedo insuperable a los roedores que aquejaba a toda la familia.

Alicia Lima y sus hijos habían llegado de Camagüey para pasar un verano en La Habana. Todos los años la tía huía de la provincia para instalarse en la casa de abuela. Con ella llegaba un alboroto y un trastorno que al pasar los años Jocelyn y yo resentíamos por nuestros estudios, pero en aquellos años, al menos a mí, me gustaba mucho su llegada. Era la tía rica, que alquilaba un automóvil para pasear después de comer. Por la mañana también nos recogía un "chofer" de alquiler para ir a la playa de Marianao. Pero sobre todo, con ella venía Andrés, que ya he dicho que fue mi primer amor.

Mi madre y ella se querían mucho, a pesar de las incomodidades que conllevaba su estancia en la casa. Según Mamá era gente con muchas necesidades en la cotidianidad. Traían una criada y unas altas vacinillas para los niños a las que llamaban Don Pedro. Los niños eran estreñidos y en algunas ocasiones, mientras los adultos comían, los niños permanecían en el comedor sentados en sus Don Pedros, para no interrumpirles el proceso intestinal. Jocelyn se irritaba con el espectáculo y a mí me daba risa. La criada decía que los niños disfrutaban "buscando ganas."

Aquel día celebrábamos la llegada con una comida familiar —el "gozá familia" que le decían. Valga destacar que la mesa estaba llena de hombres: el Tte. Hevia, casado con una hermana de Mamá; el doctor Santos, casado con otra; un hermano de abuela, el tío Augusto; el tío Horacio, hermano de Mamá; el tío Alberto, que era nuestro flautista de Hamelín; y Jocelyn, que era un adolescente.

Sin esperarlo, Alicia gritó: "¡Hay una rata inmensa en el patio!" Todos al unísono, saltaron como movidos por un resorte y se encaramaron en la mesa dando gritos...

En mi recuerdo se destaca el teniente con la pistola en la mano y Jocelyn con el rifle parodiándolo y burlándose de las mujeres. Baldomera, muy castellana, interviene para decir: "Déjenmela a mí, yo la mataré." Debo aclarar que los roedores eran para Baldomera sus enemigos personales porque le habían hecho varios hoyos a un abrigo que se había comprado en $10, pero que era la compra más costosa de toda su vida.

Entró aquella mujer —pequeñita y delgada y con los ojos verdes encendidos, que remedaban un gato— al ruedo. Con un pincho de hielo y una toalla fue arrinconando a la rata hasta enterrarle el pincho y dejarla exánime. Los niños mirábamos por las persianas que daban al patio aquella escena dantesca. Una vez terminado el incidente empezaron los comentarios familiares. Jocelyn estableció un paralelo entre la reciedumbre española y la "blandenguería" criolla. Yo escuchaba con deleite la disertación de mi hermano sobre hechos históricos de España. El tío Alberto ampliaba y amenizaba la interesante charla; ¡cuánto orgullo yo sentía al oír a mi hermano hablando con tanta gracia y precocidad!

Al pasar los años, en la cátedra, recordé anécdotas históricas que venían a mi mente de aquellas que mi hermano hacía en la mesa. Esta característica siempre lo acompañó. Cualquier conversación mediocre era convertida por mi hermano en un anecdotario delicioso. Lo salpicaba con versos que no eran textuales, pero que al alterarlos les imprimía una espontánea flexibilidad.

José Lezama Lima con su madre y Baldovina en la
biblioteca de Lezama.

IV

Nuestra niñez estuvo muy conectada con la villa de Guanabacoa, situada como a una hora de la ciudad de La Habana.

> Guanabacoa la bella
> con sus murallas de guano
> se ha retirado un cubano
> porque el hambre lo atropella.

Resultaba algo risible el nombre por varias razones, entre ellas porque era residencia de brujos.

> Yo me fui a Guanabacoa
> en busca de un babalao[3].

Rezaba una copla que se convirtió en música bailable.

Guanabacoa, sin embargo, era una villa rica, cerca de la playa de Cojímar, donde familias prestigiosas iban a veranear.

El esposo de una de las Lima fue nombrado Teniente del Ejército y destacado en Guanabacoa. El Teniente era hombre cordial y muy acogedor con la familia. Allí nos reuníamos en la Nochebuena y en "orgías familiares."

El teniente tenía muy buenas relaciones con las industrias aledañas a Guanabacoa y eso le producía algunos negocitos. Vivían muy bien y mis primas tenían más juguetes que nosotros, que éramos los huérfanos de la familia. Abuela (Augusta en *Paradiso*), adoraba

---

[3] Figura principal en la santería cubana.

pasarse días en Guanabacoa, y algunas veces yo me iba con ella. Ya he dicho que yo empecé el colegio a los ocho años y esto era antes de formalizar mi enseñanza.

Me gustaba ir a Guanabacoa porque rompía la monotonía de una niña cuando no existía la televisión; pero percibía que no éramos allí los predilectos y que se hacían comentarios negativos a
Nunca se lo dije a Mamá, pero sí a Jocelyn que, desde enton
nuestras frecuentes visitas.

Aquella mañana me vino a recoger el asistente del Teniente, lo cual era insólito. Mamá no permitía que anduviese sola con sirvientes, choferes y mucho menos con un soldado mulato. Pero ese día parecía ser distinto y Mamá estuvo de acuerdo en que me trasladara a la Villa. El ambiente estaba enrarecido y triste. Mi abuela estaba allí, en la casa de mi tía; los demás familiares, no. Al poco tiempo me percaté de que algo anormal había ocurrido. Se hablaba de que Horacio había sido llevado al hospital porque había tratado de suicidarse, quemándose. Señalaban el lugar del patio donde había hecho la pira. El Teniente le echó una frazada y apagó el fuego, pero ya estaba medio cuerpo achicharrado.

El tío Horacio era bueno y muy moral. Cuidaba a Mamá y a nosotros de la maledicencia: "Una viuda joven debía tener mucho cuidado," dijo siempre. A pesar de nuestras burlas porque era un tipo muy extraño, lo queríamos. Recuerdo cómo abría los grifos de agua con los codos y yo me escondía para ver el espectáculo. Decía que lo hacía por higiene; pero nunca lo entendí, hasta después. El tío Horacio no trabajaba. Vivía con nosotros —no olviden que la casa era de abuela— y abuela le daba una cantidad mensual para sus gastos personales.

El tío era de una vida monótona y rutinaria. En la familia se comentaba que era un neurasténico, pero era tan bueno e inofensivo que nadie le daba importancia. Siempre lo recuerdo cuando veo los cuidados psiquiátricos que hoy se le dan a los que tienen síntomas muy menores al lado de las extravagancias de tío Horacio.

A las 3 p.m. salía muy aseado y regresaba a la hora de comer. Hablaba poco y apreciaba la conducta intachable de su hermana Rosa, nuestra madre. Por la noche se sentaba en el portal con su hermana y juntos platicaban hasta tarde. Algunas veces se les unía el hermano de abuela, Augusto, el dentista. El dentista gustaba de hablar de temas escatológicos. En una ocasión en que le ofreció a Mamá una visita después de muerto, murió al día siguiente de un ataque fulminante del corazón. Mamá repitió el cuento tantas veces que Jocelyn y yo ya estábamos convencidos de que los muertos no tenían comunicación con los vivos. Después mi hermano me aclaró que los muertos no tenían memoria porque Dios no podía ser tan cruel. Para darme más razonamientos me decía que él todas las noches invocaba a mi padre y que nunca sintió un síntoma de su presencia. Estos diálogos me llevaban al paroxismo de la delicia. Sentía que Jocelyn me estaba dando categoría de inteligente (yo debía tener siete u ocho años).

Hoy pienso que por eso el *Don Juan Tenorio* de Zorrilla me pareció una pieza cómica y no afectó mi niñez. Después, cuando fui profesora de Literatura en la Universidad me costaba trabajo darle seriedad al tema.

Pero sigamos con el tío Horacio que nunca he entendido porque no aparece en *Paradiso*. Aquella mañana de un día de noviembre de 1927 me llevaron para Guanabacoa para sacarme de la tragedia familiar. En aquellos años, en Cuba, no era elegante llevar los niños a los velatorios.

El tío Horacio había muerto el día antes y lo iban a tender en Prado #9, donde vivíamos. Se comentaba en la familia que cuando el Teniente le dijo que era posible que le curaran las quemaduras, contestó: "No te molestes, porque he tomado además un veneno y tengo las tripas destruidas."

Jocelyn y yo pensamos que de verdad quería morir y nos quedamos tranquilos, pero, ¿por qué? pues él no tenía responsabilidades ni agobios.

Después de algún tiempo supimos el motivo que lo llevó a escapar por la puerta falsa del suicidio. Aquel individuo de mente débil y de carácter pusilánime había recibido un golpe a su romanticismo. Aquellas misteriosas salidas por las tardes obedecían a un romance con una mujer casada que tenía una hijita que le hizo creer que era de él. También le montó el teatro de que el esposo no sabía nada y que lo de ellos eran amores escondidos y llenos de poesía. Mi madre observaba que jugaba todo lo que tenía y que le comentaba que acertaba los números con frecuencia. Nunca se vio el dinero. Después se supo que le daba a su amante cuanto podía y que había vendido todas las prendas que le había dejado su padre. Un día llegó el tío muy triste; no comió y se sentó en el portal de la casa. Cuando Mamá salió le contó que cuando había llegado a la casa de su amante, el marido, que obviamente conocía la situación, se había escapado por la puerta de servicio para no estorbar el repugnante romance.

Al día siguiente el tío Horacio se suicidó.

Con anécdotas como ésta vamos conformando el ambiente trágico de los Lima. De los nueve hijos que tuvo abuela, cuatro tuvieron muertes por accidente, otros murieron casi al nacer y sólo le quedaron tres hijas que cerraron su "Gestalt." La muerte del esposo también tuvo características espectaculares. Contaba abuela con fruición que él no se sentía bien y que estaba recostado cuando llegaron dos amigos. Que los mandó a pasar al cuarto, conversaron un momento y los señores abandonaron la habitación y le comunicaron que Don Andrés se había dormido. Dña. Celia se asombró porque era un individuo de modales ceremoniosos e incapaz de tal incorrección. Cuando abrió la puerta del cuarto observó un extraño dormir que era la muerte.

A partir de esa muerte —sólo tenía cuarenta y cuatro años— aquella casa dejó de ser un verdadero hogar para convertirse en un campo bizantino donde se discutían herencias y prebendas.

Antes del abuelo ya había muerto Andresito en Jacksonville. Muerte narrada en *Paradiso* con la maestría lezamesca. Al poco tiempo de muerto el abuelo muere Carmita, de 18 años. También devorada por el fuego, pero llena de ilusión esperando a su novio y planchando una cinta para embellecerse. Y por último, el tío Alberto, muerte descrita en las páginas magistrales de *Paradiso*. En ese intermedio ya ha muerto el Coronel Lezama, nuestro padre, en Fort Barrancas, Pensacola. Véase *Paradiso*.

Y ya he nacido yo. Según Lezama Lima, una epifanía siempre compensa el ambiente tenebroso de la muerte. Ya nos hemos mudado del campamento de Columbia a Prado #9 y allí se empieza a gestar *Paradiso*. Aquel hogar surrealista y barroco daría tema para la imaginación genial de mi hermano. Las anécdotas se sucedían y los niños aprendimos a conocer a cada uno de aquellos personajes que en el tablero de ajedrez familiar movían las fichas con gran suspicacia.

Jocelyn y yo cantábamos:

Antón Pirulero
cada cual entiende su juego

. . .

Los primeros días que asistí al colegio me entristecí mucho. Ya tenía ocho años y estaba avergonzada de no haber ido a la escuela. Le había dicho a mis amigos del parque que iba a María Teresa Comellas. Le rogué a mi madre que me pusiera en ese colegio para que no se descubriese mi mentira. Era un excelente colegio y mi madre no puso objeción.

A pesar de desearlo tanto, mi ingreso a la escuela fue una gran desilusión. El colegio me pareció un lugar hostil y la maestra y las compañeras, mis enemigas. El curso ya había comenzado y mi llegada era intempestiva. Jocelyn me dio unos cuantos consejos de cómo debía ajustarme al nuevo ambiente. Extrañaba los juegos que yo misma inventaba. Ningún juego me entretenía más que esconderme entre las dos puertas para poder ver y oír lo que Jocelyn estaba diciendo en un tono alto de voz, en su cuarto, frente a un espejo. Era también una suerte de juego. Con una memoria hipertrofiada recitaba largos poemas y repetía largas parrafadas en prosa. Gustaba de la prosa de José Martí y memorizaba sus discursos. Al terminar remedaba el sonido de una fuerte ovación. Así aprendí frases y versos de autores célebres que después utilizaba en mis tareas escolares. En algunas ocasiones la maestra me miró desconfiada. Ya he dicho que mi hermano me enseñó a leer, pero sin ningún método, sino con unos trozos de madera que tenían dibujadas las letras del alfabeto. Los tirábamos y formábamos palabras. Era divertido y nada formal. Aquel primer día que fui a la escuela, la maestra me preguntó si yo sabía leer. Fue una pregunta difícil; yo no sabía si sabía leer. Mi respuesta no le fue simpática y me puso delante, muy airada, un libro de lectura de segundo grado. Cuál no sería mi sorpresa al comprobar lo fácil que me era descifrar palabras de un libro nuevo para mí. Fue una alegría inolvidable que se enturbió porque la maestra creyó que había pretendido burlarme de ella. Llegué a la casa muy desilusionada por tanta incomprensión. Mi hermano montó en cólera y citó los versos de Juana de Ibarbourou: "Ay pobre la gente que nunca comprende/que no nacen rosas más que en los rosales/y que no hay más trigo que el de los trigales." Yo me quedé muy satisfecha con aquella explicación y lo quise un poco más. Quiero, sin embargo, referirme a lo que más me impresionó en esos primeros días de la escuela: el cuarto de las pupilas, que era muy grande. Dormían todas en aquel cuarto con las camas pequeñas unas al lado de las otras. Y cual no sería mi sorpresa al observar en el centro de la habitación una cama un poco más grande con un crucifijo en la cabecera que era la de la Directora María Teresa Comellas. Ella era una venerable figura de la pedagogía cubana. Era soltera y en aquel entonces era una cincuentona. Al dedicarme yo después a la enseñanza he podido apreciar su calidad como educadora. Formaba e informaba y las que nos graduábamos de aquel plantel tenemos un sello inconfundible.

V

Mis padres hacían una vida social intensa: comidas oficiales, viajes, teatro y cuanto espectáculo llegara a La Habana. Mamá insistía en que ella sufría al tener que dejar con los criados a sus dos hijos pequeños. Yo no había nacido. Recuérdese el primer capítulo de *Paradiso* y a José Cemí con un terrible ataque de asma. Aclaraba que los criados se identificaban con la familia y que eran fieles.

Jocelyn los esperaba despierto con los deditos pegados a la boca indicando que tenía hambre. Mamá contaba con un regodeo especial estas escenas: mi padre sentado en una banquetica viendo el exceso de leche que le brotaba de los senos. Papá le decía que era una lástima desperdiciar esa leche destetando al niño. Jocelyn mamó hasta los cuatro años, que empezó a ir a la escuela. Según él este dato daba la clave del vínculo que los unió hasta la muerte. Lezama Lima se declaraba un edípico. Su edipismo ha traspasado los límites biográficos para explicar aspectos de su obra.

Rosa Lima quedó viuda a los treinta años. Era una mujer esplendorosa y de una gran personalidad. Permaneció más de diez años vestida de luto. Mi hermano respetaba el homenaje que ella le había ofrendado al ausente no casándose. Repetía Jocelyn que nunca le agradeceríamos suficiente que no nos hubiera puesto un padrastro que presidiera nuestro hogar. Sin embargo, guardé el secreto de resentir su viudez, pues su soledad recayó sobre mí una vez que Rosita, a los dieciocho años, se casó.

A pesar de la falta de una imagen masculina en el hogar, a la "terrestre obispa," nombre que le dábamos a nuestra madre cuando hablábamos de ella, le fue fácil criarnos: manejaba con la mirada, dirigía nuestra conducta con los ojos. Yo, con mucho respeto, pensaba que cualquier día se les saldrían de las órbitas de tanto que los abría; los ojos de mi madre eran grandes y penetrantes.

Cuando Jocelyn fue creciendo, acercándose a la adolescencia, empezaron las dificultades. Recuerdo con angustia una tarde que llegó con una herida en un brazo que le había propinado un pillete con una cuchilla durante una riña en un juego de pelota. Le quedó una fea cicatriz que no nos dejaba olvidar la escena de su entrada en el zaguán de la casa, con el brazo y la ropa embarrados de sangre.

Por aquellos años no mostraba mi hermano un apego especial a nuestra madre. Sólo se desesperaba cuando la veía enferma. El Dr. Santos le diagnosticó un fibroma y aconsejó la operación inmediata. Jocelyn cayó en una gran inquietud que me trasmitió a mí. Por aquellos años esa operación tenía riesgos y él me explicaba en la orfandad integral en que quedaríamos. Mamá hizo testamento y lo nombró mi tutor, lo cual molestó a la familia porque era muy joven.

Vivíamos en el ritornello de nuestra orfandad. No podíamos apartarnos de la tabla de valores que la "terrestre obispa" había impuesto. Se mostraba inflexible con cualquier desvío y nos insistía en que como no teníamos padre era peligroso incurrir en un error. Cuando Jocelyn empezó a tener contacto con el mundillo intelectual, recibía con frecuencia invitaciones a fiestas donde, como era costumbre en Cuba, la bebida animaba la conversación. La primera vez que llegó de madrugada, Mamá lo estaba esperando dándose sillón en la sala. Yo estaba en duermevela cuando escuché voces alteradas, y a pesar de mi edad percibí el sermón de ella donde hacía alusión a la falta de un padre que nos defendiera en caso de peligro. No dudo que este ritornello influyó de alguna forma en el carácter de mi hermano.

Jocelyn era amante de un buen vino, de una cerveza fría o de cualquier trago de calidad, pero era un bebedor bien moderado. Desde temprana edad, sin embargo, era un fumador excesivo. Empezó por cigarrillos y terminó siendo un fumador de tabacos. Los tabacos H.

Upman eran su deleite y aún en sus últimos años, con un enfisema diagnosticado, sin importarle el riesgo de muerte fumó mientras tuvo cigarros que ya en el castrismo no existían. Era un regalo que mucho apreciaba.

Nuestra madre salía siempre acompañada de uno de nosotros tres. En esa forma, decía ella, evitaba las faltas de respeto y enamoramientos; cuando el asunto era de importancia, vender una prenda, por ejemplo, era mi hermano el acompañante. Ya por aquellos tiempos él se negaba y alegaba que éramos nosotras las hembras las obligadas. Poco a poco se alejó de los compromisos domésticos y mi madre lo excusó de esos deberes.

En los hogares cubanos estaban delimitados los deberes de las hijas hembras y los de los varones. Se evitaba el varón "casuelero." Ser hombre era una buena excusa para no participar en las obligaciones hogareñas. "Tenemos que vender tu sortija de brillantes y zafiros" —me dijo aquel día mi madre— "pero no debes decírselo a tu hermano porque le haría mucho daño." Y después me insinuó que debería decirle que yo había hecho promesa de no usar prendas. A mí también me dolía perder mi sortija porque me gustaba lucirla. Me tocó, pues, a mí compartir con mamá la venta de las prendas que le había regalado mi padre y que fue necesario vender para pagar nuestros estudios.

Al casarse Rosita recayeron sobre mí una caterva de obligaciones desagradables. Agradezco cómo me endurecieron para la vida de un exilio. Mamá y yo nos combinábamos para no decirle los contratiempos del hogar. Fueron años de penurias económicas para el país y a Jocelyn sólo le comunicábamos las indispensables.

Ya entonces Jocelyn devoraba los libros, llevaba una vida contemplativa. Tal vez nuestra madre, sin saberlo, preparaba al poeta genial, pero lo debilitaba para encarar las situaciones que tendría que afrontar más tarde. Ella se convirtió en el puente que lo unía a la realidad y de ahí el nombre de Rialta.

"Deseoso es dejar de ver a su madre."

Su muerte fue una hecatombe de la que pareció que no podría reponerse. Después de muerta la soñaba:

29

El grupo Orígenes en la Universidad del Aire. Primavera de 1958.
Sentados: José Lezama Lima, Edenia Guillermo y Angel Gaztelu
De pie, de izquierda a derecha: Roberto Fernández Retamar,
Lorenzo GarcíaVega, Mario Parajón, Carlos M. Luis, Cleva Solís,
Fina García Marruz, Octavio Smith y Cintio Vitier.
(La Dra. Edenia Guillermo sustituyó en la dirección de la Universidad del
Aire al Dr. Jorge Mañach que estaba de vacaciones en España).

Vi de nuevo el rostro de mi madre.
Allí hablabas, susurrabas casi.
Se fue reduciendo
a un metal volante con los bordes
asaltados por la brevedad de las llamas
o la evaporación de una pequeña
taza de café matinal,
a un cabello.

Jocelyn usaba para calmar los ataques de asma unos polvos franceses que, creo, se llamaban Abisinia Exibard cuyo valor era de un peso (un dollar). Cuando se le terminaban y le empezaba la disnea no puedo describir mi desesperación al verlo ahogado y oír sentir sus bronquios bramando. Después vinieron los nebulizadores que le devolvían la respiración casi al instante.

Ya no vivíamos en Prado #9. La casa tenía una hipoteca y mi abuela no pagaba los intereses cuando hipotecaba una casa. Disfrutaba el dinero como si se lo hubieran regalado. Su ingenuidad hizo que le diera un poder tan amplio al abogado que ella desconocía el proceso de sus bienes. Un buen día supimos que había perdido la propiedad por una exigua hipoteca y que teníamos que mudarnos. Era un golpe bajo para los Lima, incluyendo a mi madre. Yo tenía entonces unos ocho años y Jocelyn menos de 18. Para él fue una liberación y para mí una novedad. Nos mudábamos para una casa nueva y eso me entusiasmaba. Era bajar de categoría porque la calle Trocadero no tenía alcurnia como el Paseo del Prado. Además, en la otra cuadra había una célebre casa de prostitución, que dañaba el nombre de la calle. Yo tuve la sensación de que la calle era más vital: había carnicerías, mercados y los vecinos estábamos más arracimados. Sobre todo, estaba más cerca de mi colegio María Teresa Comellas. No me dejaban ir sola y estaba a una cuadra de distancia. Yo me adelantaba a Baldomera y llegaba antes que ella. Tenía una sensación de libertad.

Vivimos en Trocadero 22 (después 162) yo hasta que me casé y Jocelyn hasta su muerte. Era una casa húmeda y oscura. Cuando me fui de Cuba quise que él ocupara la mía, de reciente fabricación y de estilo colonial. No se decidió —yo creo que por miedo al traslado de los libros— y cuando quiso hacerlo el gobierno nunca le concedió la permuta. A su muerte convirtieron la casa de mi madre en una biblioteca donde no estaban ni los libros ni los cuadros de mi hermano. La exhiben al público y cobran dos dólares la entrada. Hoy, creo, que están gestando otro proyecto y la biblioteca ha desaparecido.

VI

En los años treinta la crisis económica de Cuba arreciaba y junto con ella el descontento político se hacía sentir con bombas y otras manifestaciones secretas. El General Machado repostó a la oposición con los métodos más crueles y violentos. Aparecían muertos políticos oposicionistas y los jóvenes que lograban apresar eran torturados.

A pesar de la crisis económica nacional, en los años treinta, La Habana era una plaza donde se presentaban connotados espectáculos internacionales. Por La Habana de entonces pasaron grandes cantantes, bailarines, compañías de ópera, zarzuelas, músicos y todo lo que valía en el mundo del arte. Merece una mención Pro Arte Musical, institución que brindó a sus socios exclusivas exquisiteces. Generalmente ofrecían una función para el público general. Mi hermano y yo nos desesperábamos por ir. Nos prestaban las entradas de socios o conseguíamos el dinero. El tenía prioridad, pero siempre que podía me llevaba. Me visualizo en las localidades más baratas del teatro Nacional oyendo la IX Sinfonía de Beethoven tocada por la Orquesta Filarmónica de La Habana dirigida por Amadeo Roldán, una de las grandes figuras de la música cubana. O en el Auditorium viendo bailar a la Argentinita. El iba tarareando la música hasta que tomábamos el tranvía. Y yo no me cambiaba por nadie, tal era mi felicidad.

Recuerdo cuando mi hermano llegaba del Instituto de La Habana. Tendría diecisiete años. Tenía una figura espléndida, representaba más edad. Había entrado en la segunda enseñanza con un permiso especial, pues no tenía la edad requerida. En los tiempos a que hago referencia, los Institutos de Segunda Enseñanza estaban dirigidos por militares y los estudiantes iban uniformados. Jocelyn iba a pie hasta el Instituto. Era un gran caminador; caminar —decía— lo relajaba y le daba tiempo para ir pensando. Iba muy avergonzado; casi corría y si veía a alguien conocido se escondía detrás de una columna. En verdad era una conducta contradictoria con su infancia. Mamá contaba que recién muerto nuestro padre, su juego predilecto era vestirse de soldadito.

Por aquellos años ya se asomaba en Cuba un clima de dictadura y se incubaba en mi hermano un rechazo a los regímenes militares. "Mi olfato de asmático me hace presentir que en Cuba han de pasar cosas terribles," me dijo más de una vez entonces y después.

La Universidad de La Habana cerró sus puertas de 1930 a 1933. Las protestas estudiantiles se hicieron tan enconadas que el Presidente Machado la clausuró.

Mamá decidió que Jocelyn empezara a trabajar. Fuimos a ver a un coronel amigo de nuestro padre para que le consiguiera un trabajo. Pensaba Mamá que así lo distraía de la lucha estudiantil en la que estaba muy involucrado, como veremos más adelante, y además contribuiría económicamente a sostener la casa pues teníamos una notable crisis económica.

"Le daré un puesto de soldado," dijo el Coronel. La esposa que estuvo presente en la entrevista, le recordó que era un joven muy bien preparado y que no tenía intención de seguir carrera militar.

Nuestra madre se despidió abruptamente, airada, y cuando estábamos en el tranvía, entre lágrimas, me confesó su gran desilusión. "¿Cómo es posible que haya tratado así al hijo de su íntimo amigo?"

Al fin Jocelyn consiguió un trabajito insignificante en la Secretaría de Sanidad. Un trabajo que no tenía nada que ver con su vocación, pero que le permitía dar una pequeña cantidad para el mantenimiento de la casa y el resto lo dedicaba a comprar libros y a modestos esparcimientos. El día cinco de cada mes se había gastado ya su salario y burlándose de su pésima administración me decía: "Lo gasto en unos pocos días para que el dinero luzca más; después, me refugio en mi concha y empiezo a alimentarme de libros." Leía con voracidad. Se me olvidaba decir que el día que cobraba convidaba a alguien a almorzar, después iba a la librería y regresaba con su atadito de libros. Esa costumbre nunca lo abandonó. Siempre me daba un libro de regalo y me indicaba los que debía leer de los que había comprado para él: *La piel de zapa*, todo Dostoyevski, *El gran Maulnes*, Valery. Iba intensificando mis lecturas con una dosificación lenta. Era un gran maestro. Gustaba de mezclarme lo clásicos con las novedades. Yo me reviraba contra los clásicos y le hacía trampas. *El Quijote* me lo tomaba como una lección. El ya lo comentaba a los nueve años y yo a los catorce no podía saborearlo y me parecía un abuso que me prohibiera leer "novelas rosa." Hoy pienso cuánto más pude aprovechar sus lecciones.

Eloísa entra del brazo de su hermano para contraer matrimonio
con el Dr. Orlando Álvarez. Iglesia de Montserrat.
Octubre 21 de 1944.

VII

Mi hermano trabajaba hasta la 1 y 30 p.m., almorzaba, dormía un poco para balancear el desvelo de sus noches y salía a caminar. Visitaba diariamente las librerías de las calles de Obispo y de O'Reilly. Contaba Alberto S. Veloso, más conocido por el Colorado, dueño de las librerías "Contemporánea" y "Económica," que una tarde cerró la "Económica" a la hora habitual y cuando llegó a su casa recordó que Lezama había quedado encerrado en la librería revisando unos libros. Regresó y lo vio leyendo ensimismado. Lezama Lima no se había percatado de que estaba solo y encerrado.

Ya en el exilio, en Puerto Rico, volví a ver al Colorado, quien se vanagloriaba de su amistad y se regodeaba contando anécdotas análogas. Más de una vez le di las gracias por su desinterés al proporcionarnos comprar libros a plazos; le dábamos $20 y nos llevábamos $50. Aquella cuenta era una centrífuga interminable.

Tomás Menéndez, un exilado español, abrió una librería llamada "La Victoria." Allí podían encontrar a Lezama Lima todos los días. Jóvenes aficionados a la cultura asistían todos los días con la seguridad de que las pláticas que se suscitaban eran deliciosas. Lo llamaban "el Maestro" y sentó cátedra libre. Se cuenta que cierto día Jorge Mañach, catedrático de la Universidad de La Habana, fue a "La Victoria" llamado por la curiosidad de conocer lo que allí ocurría y al ver a Lezama le espetó: "Me han dicho que a Ud. le dicen Maestro." Y Jocelyn, que era conocido por sus respuestas rápidas e irónicas, le respondió: "Prefiero que me digan Maestro en broma a profesor en serio." Este diálogo fue lapidario. Las discusiones que se sostenían en aquella librería iban tomando altura y se revelaban jóvenes con talento y afán de saber. Tomás Menéndez, el dueño, fungía de moderador y lo hacía con mucha sagacidad, lo que ocasionó que mi hermano dijera: "Tomás es el más culto de los libreros y el más librero de los cultos."

Mamá y yo lo esperábamos para servir la comida. Ella ajustaba los horarios del almuerzo y la cena al que tuviera que llegar último. Siempre me molestaba aquel orden que la Terrestre Obispa imponía. Al pasar los años le agradecería esa rígida norma; las conversaciones de nuestra mesa fueron decisivas en mi formación. Nuestra mesa era un centro de formación e información. Era mi hermano el informante, mientras nuestra madre a base de ejemplos, consejos y refranes iba mostrando esa tabla de valores y dogmas en la que los tres hermanos nos escudaríamos.

"Le Corbusier toma como medida el cuerpo humano y a mí me parece adecuado" —dijo en cierta ocasión Jocelyn. Como nadie me hablaba de esos temas fascinantes, yo lo catalogaba como un hablador mágico. Siento especial fruición al recordar la hora de comer. Aquellas conversaciones nutrieron mi inconsciente. Mi hermano sentaba cátedra y de ningún profesor aprendí más. Su conversación creaba un clima de máximo respeto a la cultura; proclamaba el fariseísmo de la cultura oficial y la falsedad de los que intentaban ponerse la etiqueta de intelectuales. Gustaba de comentar libros de reciente publicación; su crítica era rigurosa y exuberante; no aceptaba criterios estereotipados de figuras aupadas por críticos benévolos; se oponía a que poetas noveles publicaran. Arte, literatura y música debían ir aunados en el turbión cultural. "No se puede saltar de sexto grado a Rimbaud" —repetía con énfasis.

No se interprete que nuestra mesa era un alarde de pedantería. Era también un coro de alegría, chistes, cuentos populares, chismes barrioteros, caricaturas y burlitas de todo tipo:

"Camina plantillera
Grajito[4] palomero"

Tarareaba mi hermano refiriéndose a una mulatica cocinera que se asomaba de vez en cuando por la puerta de la cocina.

También Baldomera salpicaba de gracia española los comentarios: la "renga" era la vecina que cojeaba levemente y "sansirolés" la que tenía poca gracia. Jugábamos con personajes históricos o inventados y les poníamos nombretes a las comidas. Nos gustaba vigilar a nuestra madre que repetía con deleite los cuentos una y otra vez; con la servilleta formábamos una muñequita bajo su absoluta indignación. Nada le gustaba más a la Terrestre Obispa que contarnos la muerte de nuestro padre. Mi hermano aprovechó sus anécdotas para recrearla en *Paradiso* y yo puedo asegurar que son casi literales. Con la entrada de Oppiano Licario le imprimió una gran belleza. Mamá era una gran narradora: recuerdo cómo flexionaba la voz en los diálogos. Se emocionaba de tal forma rememorando las escenas de la muerte de Papá que siempre terminaba con la voz trémula, llorosa:

Durante muchos años, hasta su muerte, vivía con nosotros el tío Horacio. Tenía una nariz que nos recordaba la del Arcipreste de Hita, con la punta muy colorada. Para entendernos hablábamos de los cerezos en flor para hacer referencia a su nariz. Cuando el tío se suicidó, durante mucho tiempo nos quedó una crisis de conciencia.

---

[4] Grajito, mal olor en las axilas.

La boda de la autora con el Dr. Orlando Álvarez
en la iglesia de Monserrate en La Habana.
Oficiando Mons. Angel Gaztelu. Detrás José Lezama Lima.

VIII

En enero de 1987 se celebró en el Círculo de Bellas Artes de Madrid un homenaje a Lezama Lima en el cual intervinieron Rafael Alberti, Luis Goytisolo, Antonio de Villena, entre otros. Se elogió la obra de Lezama con trabajos cuidadosos.

Alberti se lamentó de no haberlo conocido personalmente porque "Lezama fue un hombre que, por obligación, por necesidad, había que conocer." *Paradiso* es una de las novelas más impresionantes que se han escrito en nuestra lengua y a través de todos los tiempos, agregó. Luis Goytisolo, el poeta catalán, se encargó de sacar a flote los defectos del ser humano, del Lezama que él conoció. Lo acusó de una crueldad inenarrable y que era incapaz de soportar a nadie carente de cultura. Para avalar su aseveración hizo la siguiente anécdota: "En uno de mis viajes a La Habana fuimos a comer a un restaurante y nos acompañó todo el tiempo de la comida un joven soldado... Dialogamos Lezama Lima y yo de la poesía catalana y pude comprender hasta qué punto era un hombre premiado por la naturaleza. Lo sabía todo. El soldado no había abierto la boca. Lezama Lima me comentó: "No te preocupes, estos jóvenes inspiran lástima. Son muy revolucionarios, pero no tienen la más mínima idea de lo que significa cultura." Olímpicamente Luis Goytisolo llega a la conclusión de que Lezama no podía dialogar con alguien que no fuera culto y mucho menos con el que estuviera al margen de la poesía.

Nos sorprende que un individuo tan sagaz como Luis Goytisolo no se percatara de que el comentario de Lezama Lima conllevaba una crítica al régimen imperante en Cuba.

Juan Goytisolo, sin embargo, me comentó que en cierta ocasión que estuvo en La Habana, en una charla que dio por televisión hizo comentarios elogiosos de *Paradiso* y que Lezama, con humildad, lo llamó por teléfono a la estación y le dio las gracias diciéndole que era la primera vez que un crítico como él se atrevía a semejante osadía. Eran los años en que el gobierno castrista había declarado a Lezama Lima "no persona."

Volviendo a los comentarios de Luis Goytisolo puedo asegurar que mi hermano era capaz de disfrutar la ingenuidad de un inculto. Sus carcajadas estentóreas eran famosas en el edificio de la calle Trocadero donde vivimos muchos años mi madre, él y yo. Yo me casé, Mamá murió y él se quedó allí hasta su muerte.

La llegada del colegio de Martha Bustillo Lezama, nuestra sobrinita, era esperada por él con gran alegría. "Curra, ven a mi cuarto para que me cuentes lo que ha pasado hoy en la escuela." La niña, que tenía gran imaginación, inventaba anécdotas que a él le parecían deliciosas.

Sonsacaba a Baldomera para que hiciera anécdotas de su aldea, Cerezal de Aliste, próxima a Zamora. "Cuéntame, Baldomera, cuando estabas en el pastoreo te besabas con tu novio." "Nunca me besaba porque en mi aldea esos besuqueos son muy sucios." Socarronamente Jocelyn la seguía arrinconando: "Y cuando caía la noche ¿qué hacían Santiago y tú?" Ella, muy airada, repostaba: "Pues nos revolcábamos." El se reía con malicia y ella insistía en que en su aldea la que perdía la honra tenía que casarse vestida de negro para que todo el pueblo supiera su pecado.

Debo dejar constancia de las palabras que aprendimos con Baldomera. Era castellana y hablaba un buen español, plagado de arcaísmos que entonces me parecieron disparates porque en Cuba no se usaban. Después de muchos años el diccionario me ha demostrado lo contrario. "Tiene la *madre* seca" —decía refiriéndose a una mujer estéril.

En una carta mía le narraba un incidente ocurrido en el patio de la casa con mi hijo Orlando y una culebra. Esa anécdota a él le pareció estupenda y era bien pueril.

IX

Nuestra casa era un entra y sale de jóvenes "diletantes." Jocelyn los envolvía con la magia de su palabra. No era concesivo y el extremo rigor en su crítica le creó enemigos irreconciliables.

Al inicio de la revolución castrista muchos jóvenes se volvieron contra él. Acusaban a la revista Orígenes de ser una torre de marfil. Rezumaban rencor por no haberlos dejado publicar. Otros no tan jóvenes pretendían cobrar antiguas rencillas literarias. "Son mis enemigos de siempre," me dijo más de una vez. En carta de Sept. de 1961 me responde: "Con respecto a los comentarios que me dices haber oído, de la misma manera que los otorgados a Portocarrero, me parecen mal intencionados. No es lo mismo estar fuera de Cuba, que la conducta que uno se ve obligado a seguir cuando estamos aquí metidos en el horno. Existen los cubanos que sufren fuera, y los que sufren igualmente, quizás más, estando dentro de la quemazón y la pavorosa inquietud de un destino incierto. Otra actitud es mala tripa y rencorismo."

En los primeros tiempos de Castro lo atacaron en el periódico Revolución dentro de Cuba, y algunos exilados de Miami, Florida, también el periódico castrista acusaba a Orígenes de revista elitista, burguesa y otras insensateces más, mientras que el exilio lo creía un privilegiado por haberse quedado en Cuba. Cuando los mismos que lo habían atacado en el periódico Revolución llegaron al exilio trajeron noticia de que Lezama Lima era una víctima más del régimen castrista.

Pero, sobre todo, fue hombre de grandes amigos, un amigotero. Muchos discípulos pasaron a lo que después llamó el curso de Delfos. Cuando descubría sensibilidad en un individuo le prestaba libros y lo orientaba: mezclaba los clásicos, los barrocos con las últimas tendencias del arte. Muchos judas se irritaron ante su insistencia: "No publique estos primeros balbuceos literarios porque después se arrepentirá." Y se vengaron de él cuando se hicieron fuertes a la llegada de Fidel Castro. Ninguno, sin embargo, más traidor que Lorenzo García Vega. Joven talentoso del que mi hermano llegó a decirme: "Es el hijo que me hubiera gustado tener." Tocaba casi a diario las puertas de nuestra casa buscando el diálogo con mi hermano. No sólo obtuvo orientación literaria sino ayuda a su psique. Su madre le imploraba a mi hermano que lo ayudara.

Después, ya en el exilio, Lorencito se dedicó a epatar con falsas anécdotas origenistas. Trató de desprestigiar a aquel grupo de amigos, del que él formaba parte, para escandalizar y lograr la venta del libro que publicó. No logró, por supuesto, dañar la "Generación de Orígenes" cuyo prestigio iba *in crescendo* y estaba por arriba de sus desfiguradas apreciaciones.

X

El día 30 de septiembre de 1930 anocheció sin Jocelyn llegar a comer. "Tiene que haberle pasado algo porque no ha avisado" —decía Mamá. Nos paramos en la ventana las dos para ver pasar los tranvías. El tomaba Vedado-Muelle de Luz para regresar de la Universidad. Cada vez que pasaba esa ruta sin él nos angustiábamos más, pero seguíamos vigilando porque pensábamos que así lo atraíamos.

"Mamá, debe haber ido a una conferencia después de las clases" —le decía yo sólo para consolarla porque también estaba pesimista. Tenía ganas de llorar y llamar a mi padre. Todo lo que nos ocurría —pensaba yo— era por nuestra orfandad.

Un vecino nos informó que en la calle San Lázaro, una de las avenidas que desembocaba en la Universidad, había una algarada con motivo de una manifestación de los estudiantes universitarios que se dirigían al Palacio Presidencial para hacer una protesta contra el Presidente Gerardo Machado. Mientras el vecino hablaba, Mamá palideció y empezó a sudar. Nuestra madre alardeaba de tener premoniciones y me dijo después que lo había visto en el motín. "Estoy segura que él está allí" —me dijo. Después me dijo que iría a parar a la cárcel porque no tenía un padre que lo defendiera.

Yo permanecí tranquila y con una sensación de felicidad imaginándolo en una escaramuza con la policía. El y yo éramos oposicionistas sistemáticos. Aunque Jocelyn era de aspecto vigoroso, su asma y su devoción por las cuestiones estéticas, me lo remedaban débil, pusilánime. Aquel acto de valentía era necesario para mi integral admiración por él.

Al fin llegó Jocelyn. Llegó jadeante y el traje de hilo crudo que llevaba puesto empapado en sudor. Gustaba de vestir en verano con trajes de hilo crudo o blanco. No era síntoma de bien vestir porque por aquellos tiempos esos trajes costaban diez pesos (la moneda cubana se cotizaba igual a la de Estados Unidos). Los estudiantes tenían que acudir a las clases con el saco[5] puesto, lo que hacía la pobreza más visible.

Este subrayado de su ropa obedece a que constituía una angustia para nuestra madre. Jocelyn crecía y engordaba muy ligero y los trajes le quedaban pequeños antes de romperlos. También a mí me preocupaba la compra de su ropa. Nuestra madre provenía de una familia burguesa venida a menos, más doce años de matrimonio con un militar de carrera, la hacía dar demasiada importancia al aspecto exterior, a la apariencia. Como ella gustaba de los refranes, yo, con cierta ironía le recordaba que el hábito no hacía al monje, a lo que me ripostaba que era de los pocos refranes equivocados. La ropa de Jocelyn se había tornado en un problema doméstico, al que él no daba ninguna importancia. No sé por qué he hilvanado un párrafo sobre un tema tan irrelevante, pero es que mi inconsciente me devuelve con insistencia su imagen con esos trajes de lino más nuevos o menos nuevos, arrugados o bien planchados... Y mi dolor cuando le quedaban chicos.

Volvamos al treinta de septiembre de 1930. Cuando llegó Jocelyn no hubo que enfrentarlo pues era tan obvia su participación en la refriega estudiantil que mamá esa noche no pudo dormir. A la mañana siguiente apareció una gran foto panorámica en el periódico y se le podía identificar. Volvió a retumbar la casa con el tema de nuestra orfandad. "Si José María viviera —decía Mamá— todo sería distinto, pero en estas condiciones no nos podemos dar esos lujos."

---

[5] Saco: americana, gabán, chaqueta.

Como única respuesta, y después de un fuerte ataque de asma, Jocelyn se vistió y salió. Después supimos que había ido al velatorio de Rafael Trejo, el estudiante que la policía había matado en la manifestación.

Mamá tenía una terrible desazón y, aunque guardaba su secreto, comentaba la situación con los familiares que nos visitaban.

El teniente, casado con su hermana, subrayaba que lo ocurrido era de una gravedad extrema, que cerrarían la Universidad y que el gobierno tomaría represalias con los estudiantes que habían intervenido. Mi madre se vistió muy elegante —nosotros decíamos que se vestía de coronela— y me vistió a mí. Ya he dicho que no salía sola. Siempre llevaba como acompañante a uno de sus tres hijos, según la ocasión. Yo iba temblando, pero no me atrevía a protestar. Llegamos a una casa muy lujosa en el Vedado. Nos recibió un criado quien avisó a una señora grande y gorda a la que le decían la Niñita. Me dio risa, pero Mamá me dio un pellizco para recordarme que el momento era dramático. Mi madre me explicó que era gente humilde que se había encumbrado. Nos trataron muy bien. Creo que la visita contribuyó a que no arrestaran a mi hermano. Después de algún tiempo oí comentar a mi hermano su gran desilusión porque algunos miembros del Comité Estudiantil 30 de Septiembre comían opíparamente en restaurantes de lujo de La Habana con el dinero recaudado.

En una entrevista publicada en la Revista Alma Mater,[6] Lezama se refiere al 30 de septiembre de 1930: "Trejo terminaba la carrera. Lo veía mucho en la Asociación de Alumnos de Derecho donde se verificaban las reuniones. Era una persona muy grave, muy responsable, extremadamente serio y parecía tocado para su destino privilegiado, que era el de ser un gran ejemplo a través de la muerte."

"Ningún honor ya prefiero al que me gané para siempre en la mañana del 30 de septiembre de 1930. Yo me hice abogado, estudié la carrera, terminé porque yo soy muy tenaz."

---

[6] Alma Mater 115, sept. 1970.

Después de estos acontecimientos, tres años estuvo cerrada la Universidad de La Habana. Fue esa circunstancia la que grabó el destino de mi hermano. Después de su reapertura volvió a terminar las asignaturas que le faltaban para hacerse abogado, pero ya no era el mismo. Se había nutrido de las más exigentes lecturas a las que había llegado como "un ciervo herido" o "como un mulo con orejeras." Ya en el colegio mismo donde se educó, era un estudiante destacado en Letras. Sin embargo, matriculó Derecho por ser una carrera más pragmática. Pagó ese grave error durante toda su vida y salvó mi vocación. Expliquemos: cuando yo fui a empezar mi carrera, en una forma insensible, me inclinó a seguir la que él debía haber estudiado. Siendo yo una excelente estudiante de matemáticas, con sugestivas lecturas me fue depurando el gusto por la poesía, la música y la narrativa apasionantes.

Mientras yo me iniciaba en unos estudios deliciosos y al graduarme pude vivir de la carrera profesional, Jocelyn tuvo que optar por empleos bien antitéticos a su sensibilidad y muy mal retribuidos. Durante muchos años trabajó en la cárcel de La Habana, en el Concejo de Defensa Social.

Por aquellos tiempos había ocurrido en La Habana un crimen horrendo que conmovió la opinión pública y ocupó durante muchos días las primeras páginas de los periódicos: en diferentes barrios de la ciudad, en las alcantarillas habían aparecido distintas partes de un cuerpo femenino. Los titulares de los periódicos hacían referencia a la Trucidada, la Descuartizada. Cuando al fin apareció la cabeza flotando en el mar fue fácil descubrir al Descuartizador por la dentadura del cráneo. El presunto asesino se trataba de un estudiante de medicina, un joven de una familia distinguida que en una pelea con su amante le había dado un empujón con tal violencia que la mujer murió del golpe en la cabeza. Al verse desesperado trucidó el cadáver y trató de esconderlo.

"Eloy," me dijo aquella tarde Jocelyn, "¿a qué no adivinas quién es mi nuevo secretario?" Y agregó: "El Descuartizador." Y para que no me asustara me explicó que era un condenado en primer grado, de una buena familia y que lo habían puesto en su oficina para que lo ayudara en las labores de mecanografía. Yo me puse histérica y él me tranquilizó al explicarme los móviles del crimen y cómo habían ocurrido los hechos.

Imagínense mi angustia —aún Mamá no lo sabía. Cuando me enteré que le colaba café todos los días, llegué al paroxismo de la desesperación al temer que fuera un alienado y que lo envenenara. Cuando Jocelyn llegaba del trabajo yo le hacía preguntas capciosas para descubrir la personalidad del Descuartizador. Al fin, mi hermano me convenció de que no era un criminal al uso y que ni tan siquiera había asesinado a su amante sino que la mujer había muerto al caer al suelo y darse un golpe en la base del cráneo.

Subrayo esta anécdota para que se sitúen en medio del horror en que se desenvolvía la cotidianidad de mi hermano.

En carta a José Rodríguez Feo (periódico Gramma, 11 de octubre de 1987), refiriéndose a su trabajo en la cárcel, se queja Lezama Lima: "Me he sentido intranquilo en los últimos tiempos." Califica los grandes y espectaculares motines que se sucedían en la cárcel de "manifestaciones de esa gran anarquía que se encuentra agazapada en el subsuelo cubano."

Trabajó en la cárcel situada en el castillo del Príncipe, de 1940 a 1949. Fueron años en que el asma lo azotaba diariamente. Sin embargo, fueron años de gran producción literaria. Siempre me ha sorprendido que en *Paradiso* no aparezcan anécdotas llenas del gran dramatismo que centraban nuestros años de entonces.

La administración de la cárcel cometía injusticias que tenían a la población penal en continua rebeldía y a nuestro hogar en una desesperada zozobra. "Hoy han armado a todos los empleados del penal y yo no tengo ni idea de cómo se maneja un arma —dijo muy alterado Jocelyn al regresar del trabajo. "Y si un condenado me amenazara no creo que tendría valor para dispararle. No tengo más solución que renunciar a los $54 mensuales que gano."

Por entonces era muy difícil conseguir trabajo y las labores intelectuales no tenían ningún valor económico. No olvidemos que ya había escrito *Muerte de Narciso*. En la Cuba de entonces era muy difícil cambiar de trabajo. A pesar de detestar la abogacía, hubiera aceptado un cargo de abogado, pero los bufetes estaban atestados por abogados jóvenes. Los puestos públicos eran dados por pura influencia y hasta las amantes de los políticos influyentes aspiraban a ocuparlos.

De pronto, la voz plena de la Terrestre Obispa tronó: "Creo que es una irresponsabilidad renunciar a un trabajo sin tener otro." Se iniciaba así un diálogo estremecedor al ripostarle Jocelyn: —"¿Y si un preso me ataca?"

Mamá, rauda como una centella, lanzó un grito desgarrador: —"Hay cosas mil veces peores que morir." ¿Cómo qué? —dije yo, que estaba aterrada. Y aquella mujer, que nos adoraba, musitó: —"La miseria." En aquel momento me estremecí. Después le he agradecido la coraza conque me equipó; para Jocelyn debió haber sido una pedrada en su campana de cristal. Sin embargo, vuelvo a referirme a su edipismo: incidentes como éste no suscitaron antagonismo entre hijo y madre. El sabía que nuestra Madre era el puente que lo unía con la realidad, La Rialta de *Paradiso*, llena de amor, dulzura y entrega a nuestro padre, el Coronel; responde al símbolo de puente, al feminizar el nombre del puente Rialto, de Venecia.

En la desbandada familiar huyendo de la dictadura castrista, después de 1961, mi hermano se abroqueló en mi madre y ella en él. Sostengo la teoría de que un miedo insuperable consolidó esa unión que sólo terminó con la muerte de Mamá. Después de morir ella, Jocelyn se quedó sumido en tal desesperación que se llegó a pensar que no podría estabilizarse más, poniendo en peligro su obra. Famosa se ha hecho la anécdota de que cuando despedían el féretro, un amigo le dijo: "Lezama, contrólate." A lo que él respondió: "Yo no soy inglés, yo soy cubano." Al pasar los días decidió casarse con María Luisa Bautista, compañera mía de Universidad, y seguir los consejos de mi madre que cuando agonizaba, él en su desesperación le preguntó: "Y ahora ¿qué voy a hacer?" Y la Terrestre Obispa, llena de serenidad, le contestó: "Escribe, deja para la posteridad la historia de la familia: ese es tu destino."

En una carta de abril de 1961 —habían pasado pocos días de mi partida— me dice: "Soy feliz sólo cuando veo a mi madre feliz. Leo en su rostro y leo que sufre mucho." Obsérvese cómo recrimina mi ida.

En julio del 61 me escribe así: "No quisiera morirme pues deseo acompañar a mi madre hasta que se quede eternamente sola en la eternidad del recuerdo." El presentimiento de la muerte de mamá empieza a obsesionarlo. Teme afrontar ese golpe.

Ya en diciembre de 1964, muerta nuestra Madre, me dice: "Creo que la muerte de Mamá me ha herido para siempre. Toda mi vida la considero como un camino de perfección para llegar a su muerte... Pocos, muy pocos pueden decir con nosotros, con un sentido profundo, que estamos orgullosos de nuestra madre. Tuvo el sentido simbólico de la llave y el espejo. También el de la Copa del Sacrificio, la Copa del Santo Grial. En octubre de 1965, ya un poco más resignado, me dice: "Al morir Mamá todo se me ha convertido en ella" [7]

A las pocas horas de morir Rosa Lima, en una dramática conversación entre mi hermano y yo, me increpaba diciéndome que la persona que abandonaba a una madre de 73 años, debía renunciar a verla más, previamente a la despedida. La daga que me clavó aún me hiere.

Su muerte hizo crecer su amor en una forma poética, desmesurada. Sus primeros poemas estaban firmados con el nombre de José Andrés Lezama. Mi hermano aparece en el Registro de Nacimientos con el nombre de José María Andrés Fernando. José María, el nombre de mi padre; Andrés, el nombre de mi abuelo materno y Fernando, el nombre de su padrino Fernando Aguado. Desde su primera infancia rechazó el nombre de José María por parecerle muy femenino y optó por el de Andrés; después decidió suprimir el de Andrés y unir los dos apellidos —Lezama Lima— en honor al amor de nuestros padres. Aunque nunca lo confesó, en la decisión debe haber influido la eufónica aliteración de los dos apellidos. Y ya para siempre firmaría: José Lezama Lima.

---

[7] Lezama Lima, José. *Cartas*. Edit. Orígenes, Madrid, 1979.

Mi madre con mi hijo Orlando. La Habana, 1960.

XI

Lo apostó todo a la pata de un caballo y tuvo que entregar hasta las camas de sus hijos. Eso hizo el esposo de mi hermana. Esa noche llegaron a nuestra casa Rosita, los niños, la criada y un perro.

Rosita había estado casada 20 años con un jugador, un muchacho de "high life," muy buen mozo y decidor. Aquel día había ocurrido un incidente inadmisible para mi hermana.

Antonio había heredado de su padre una fortuna que había dilapidado en unos meses. Mi hermana soportó lo indecible y ya el matrimonio estaba muy deteriorado, e pesar del amor que los unía. El padre de él quería mucho a mi hermana y a sus hijos, pero a su muerte aquel andamiaje se desplomó. Ese día él había mandado a Ernesto, nuestro sobrino, a cambiar un cheque sin fondo a un comercio cercano. Mi hermana Rosita, que lo sabía, se lo prohibió. Llegaron, como dije, a nuestra casa y la situación que se nos planteó fue catastrófica. Nuestra situación económica era precaria y aunque Rosita tenía 38 años, nunca había trabajado en la calle —se había casado a los 18 años. Los niños estaban en edad escolar y lo más grave es que mi hermana estaba aún enamorada de ese truhán.

Jocelyn, como Uds. saben, era abogado, pero se negó a ir a un tribunal a divorciar a su hermana.

La Terrestre Obispa se enfermó. Le salieron unas manchas blancas que el médico diagnosticó como nerviosas. Yo me vi en un gran conflicto pues como la familia era tan "secretera" nunca había dicho que el matrimonio de mi hermana era un desastre. Yo no sabía cómo contarle a los amigos lo ocurrido. Tuve que inventar escenas previas que deben haber resultado increíbles.

A Ernesto y a mí nos tocó dormir en el suelo, pero lo que más nos molestó fue que se tuvieron que deshacer del perrito.

XII

Poco antes de morir María Zambrano, la volví a ver en Madrid. Ya estaba reivindicada por el gobierno español y vivía en un piso elegante con una criada que la atendía. Nuestro encuentro fue muy emocionante. Estaba casi ciega y muy marchita, pero suficiente lúcida para recordar su estancia en La Habana.

Me abrazaba demostrándome un afecto que había nacido en sus visitas a nuestra casa. Pero donde eran sus encuentros con mi hermano era en el apartamento de Julián y Tangui Orbón.

Me hizo anécdotas para mí desconocidas. Me contó que conoció a mi hermano en *La Bodeguita del Medio*. En ese primer viaje a La Habana iba acompañada de su esposo, Alfonso Rodríguez Aldabe, de muy buena pinta. Dice que cuando vio a mi hermano por primera vez quedó prendada de aquel joven de mirada penetrante. Hizo acotaciones que tal vez su memoria algo senil desfigurara con el paso del tiempo. Se lamentaba de que Aldabe al poco tiempo la dejó por una mujer vulgar. Me dijo María, muy confundida, como si su amistad con mi hermano hubiera tenido un tinte romántico. Nunca había oído semejantes comentarios.

Ya en ese segundo viaje, María venía con Araceli, su hermana, un pintoresco personaje al que mi hermano hace referencia en sus cartas a María. Vivía Araceli rodeada de gatos, a los que profesaba un gran amor. Recuerdo cierto día en que un automóvil arrolló el gato que ella había regalado a los Orbón. No la dejaban salir de la casa por temor a que viera al gato muerto y según mi hermano fue un espectáculo tragicómico. La nota patética consistía en que Araceli se brindaba para cocinar platos españoles con el propósito de hacer una reunión. Así de miserable fue su vida económica durante su estancia en La Habana. En los inicios de su llegada a La Habana dio clases a personajes de posición social elevada. En cierta ocasión Lydia Cabrera me enseñó fotografías de fiestas en su finca San José donde aparecen María Zambrano, Lydia y Titina de Rojas. En una de ellas, aparecen las tres disfrazadas de hombre. Otros personajes ayudaban a las hermanas Zambrano. Recuerdo unas conferencias que dio María en la Universidad de La Habana sobre Plotino. Era de una exposición brillante, análoga a la de su maestro José Ortega y Gasset. El auditorio quedó arrobado y muchos estudiantes hubieran deseado que la incorporaran al Claustro de Profesores. La Universidad de La Habana, en una disposición estúpida, no permitía profesores visitantes y así perdimos a Menéndez Pidal, a Juan Ramón Jiménez, a María Zambrano, a Jorge Guillén, a Pedro Salinas y a todos los profesores que habían abandonado España con motivo de la Guerra Civil.

En esa ocasión yo era secretaria de la Asociación de Alumnos y fuimos a pedirle al Rector que modificara los estatutos universitarios para que Menéndez Pidal nos diera clases de Gramática histórica, que era una materia que no se explicaba por no haber profesor. El Rector denegó nuestra petición por no permitirlo la Constitución universitaria. Jocelyn, que me asesoraba en esas cuestiones, me aconsejó que diéramos la batalla, pero fue inútil.

XIII

En unos apuntes que se acaban de publicar con el nombre de *Diarios de Lezama Lima*[8], mi hermano anota la alegría conque recibíamos su santo. Y yo he recordado las dos fechas festivas de la casa de mi Madre: Sta. Rosa de Lima, 30 de agosto y San José, 19 de marzo. La fiesta de Mamá consistía en la llegada de mis tías y un grupo de viejas amigas y vecinas. Todavía me hace reír la hermana de la amiga favorita de Mamá. Había quedado "abobolinada" a consecuencia del Tifus y tenía una ingenuidad deliciosa y lastimera. La cocuyera de la sala había sido sustituida por una lámpara mediocre que tenía unos brazos que terminaban en unas velitas. Cuando el tranvía pasaba, la trepidación ocasionaba que alguna de las velas de la lámpara se apagara. La amiga retardada de Mamá se entretenía con la vela que se apagaba y volvía a encenderse. Y yo también me divertía con aquella bobería. En aquel 30 de agosto, una de las veces que la vela se apagó y volvió a encenderse, la hermana, que estaba entretenida conversando, le preguntó: ¿Quieres orinar? A lo que ella, indignada, respondió: —Qué orinar, ni orinar, es que se encendió la velita. Recuerdo que no pude contener la carcajada y que me costó un fuerte regaño. Ahora, al rememorar la escena también me ha provocado la misma risa que me provocó entonces y que me obligó a refugiarme en el cuarto de Jocelyn durante la fiesta.

Rosita, la Violante de *Paradiso*, tenía "bondad de lirio," al decir de nuestra Madre y casi siempre le tocaba sentarse al lado de la

---

[8]   1994, Editorial Era de México.

enferma porque todos le daban de lado. Ella protestaba y decía: "No vengo más, aunque ese día sea también mi santo." Jocelyn y yo disfrutábamos estas escenas familiares que tenían el encanto de ser siempre idénticas.

Pero el 19 de marzo era otra cosa. Temprano en la tarde empezaban a llegar los amigos de Jocelyn. El Padre Angel Gaztelu, era el primero en llegar, los Orbón, los Vitier, los Diego, la familia, eran los convidados de piedra, sin contar alguna figura agregada cada año. Sus amigos se volcaban en regalos, libros de arte y literatura, poemas y muestras de cariño inundaban nuestro hogar de alegría. Rosita hacía su célebre ensalada de langosta, que Jocelyn exigía que tuviera mucha langosta y poca papa, y su bizcocho con la masa de panetela. Yo, menos hábil en la cocina, me limitaba a los bocaditos y a las bebidas.

Recuerdo las manos de mi hermano pasando las páginas de los libros. El deleite era visible en su cara. Había una librería en La Habana, La Casa Belga, especializada en esas ediciones.

Una parienta muy realista y estúpida siempre comentaba que mejor hubiera sido que le regalaran una camisa con su corbata, y él murmuraba: —Cállese, "cretine" (siempre lo decía en francés).

He sabido por cartas que en nuestra ausencia, y aún con la escasez de alimentos en Cuba, sus amigos llevaban algún dulce para brindar con él y poder celebrar ese día que tanto disfrutaba. En vez de libros lujosos componían poemas que leían con regocijo.

Cuando era adolescente, la timidez impedía que lo agasajáramos. Yo recuerdo la escena de mis tías que le llevaron un tomo de las poesías de Martí encuadernado en piel verde que era un primor. Yo fui al cuarto —estudiaba en el último cuarto— y le expliqué lo que le habían traído y que ellas lo esperaban en la sala. Sacó la mano por la puerta del cuarto para coger el obsequio sin tan siquiera saludar. Mis tías se fueron airadas y nunca más le trajeron un regalo el día de su santo.

Ya hombre, como hemos dicho, se proclamaba "amigotero" y según la Terrestre Obispa hacíamos de la amistad un culto, igual que nuestro padre. Ella, sin embargo, era nepotista.

XIV

La autocrítica de Heberto Padilla lo incluyó entre los poetas que hacían críticas al gobierno. Para defenderse, Padilla utilizó burlas y críticas que Lezama Lima hacía del régimen. Me cuenta Monseñor Angel Gaztelu que cuando llegaban a alguna embajada, al tocar la puerta, gritaba: "Hemos llegado a las minas de Matahambre." Utilizaba el nombre de unas minas existentes en Cuba para indicar cuál era el motivo de su visita: saciar el hambre que ya azotaba a Cuba.

Me contó Cintio que fue a comunicarle lo dicho por Padilla y que él le aconsejaba que se quedara en su hogar hasta que el ambiente se tranquilizara.

A partir de ese momento Lezama Lima cayó en desgracia total y nunca más fue invitado a actos públicos culturales. Me decía Monseñor que repetía incesantemente: "Soy un cenotafio." Me contaba el embajador de Chile en Cuba, Edwards, el miedo que despertaron en mi hermano esos días de terror. Prefiero no abundar en este incidente que el mundo entero conoció, cuando el embajador publicó su libro *"Persona non grata."*

Es interesante subrayar las burlas de Lezama Lima a los disparates que el régimen castrista cometía. Hoy, que ya el pueblo de Cuba capta la incapacidad del régimen, me percato una vez más de ese especial olfato que tenía Jocelyn para percibir la realidad política de nuestra Patria. Recuerdo cuando yo era adolescente cómo mi hermano me insistía en que los cubanos nos íbamos a dar un susto. Y me aclaraba que su olfato de asmático le vaticinaba días nefastos para nuestra Isla. Que estábamos jugando con nuestro destino y que él sentía que nos esperaba un Apocalipsis.

Después de muertos mi hermano y su esposa, el gobierno de Castro trató de aliviar su injusta conducta con Lezama Lima. Publicó sus *Poesías completas* en la Editorial Letras Cubanas, en 1985. Cuando el poeta cumplió sesenta años, en 1970, el gobierno había editado un volumen con sus poesías completas; en 1985 vuelve a incluir todo ese material, más los poemas post mortem de *Fragmentos a su imán* y los primeros poemas de Lezama Lima fechados desde 1927. Estos primeros poemas forman parte de un cuaderno escrito a mano. Es un pequeño poemario que el poeta agrupó con cl título de *Inicio y Escape* y que consta de veintiún poemas. Lezama Lima no hubiera deseado que esos poemas fueran publicados. Son poemas adolescentarios —recuérdese que Lezama Lima nació en 1910— donde ya se intuye al gran poeta, pero donde no hay definición. Se está buscando una expresión diferente, sin logros definitivos. La intertextualidad es evidente con la Generación del 27, en España y no puede sustraerse al embrujo de Lorca. Ya la cetrería de metáforas es rauda —como diría Monseñor Gaztelu, su entrañable amigo.

> Al silencio del agua
> canciones de agua salada
> encaramada; sobre la roca alargada.
> Agua fría, silenciosa
> calladita se va desperezando.
> (Un hilo de tres colores
> se ve en el aire espejeando.)
> Agua de cara de luna,
> enferma y tibia. Fuese borrando
> las letras de la arena.
> Apodérase el hilo de tus colores,
> de los surcos del agua.

Luce tendida el agua en el hilo, se va secando al sol. En esto el agua tiene algo de pañuelo o de media luna de algún pequeñuelo.

Aparecen en el cuadernillo tercetos, cuartetos y poemas dignos para un casi niño y, sin embargo, el exigente crítico que había en mi hermano los condenó a la intimidad de una gaveta. Cumplía así con la advertencia dada a otros jóvenes principiantes.

Se hace necesario un estudio serio del cuadernillo "Inicio y Escape." El mismo tiene versos y hasta poemas que después serán utilizados por el poeta con más precisión y finalidad.

Sus primeras publicaciones en la Revista Grafos, a petición de su amigo Ramón Guirao, fueron objeto de críticas negativas. Se le acusaba de oscuro y retorcido. Recuerdo un día que llegó entristecido porque algún malintencionado le contó que en un almuerzo donde estaba Emilio Ballagas habían leído algunos poemas suyos para hacer burlas de él.

Cuenta Eliseo Diego, el gran poeta cubano, y miembro del Grupo Orígenes, que Lezama Lima encontraba su propia poesía clara, transparente. Que cuando leía sus poemas ante sus amigos íntimos mostraba una especial complacencia al decir que eran poemas de gran transparencia (entrevista publicada en el magazine Sábado, 1 de noviembre de 1987, México D. F.). Sin embargo, en otras declaraciones ha dicho Lezama Lima que al poema hay que echarle un poco de humo para indicar que la poesía requiere un ambiente un tanto nebuloso. Recuérdese que ya he dicho que éramos Verlainianos: cuando las cosas se dicen claramente pierden las dos terceras partes de su valor.

Mi hermano con su esposa, Dra. María Luisa Bautista

XV

Es necesario que dedique una crónica a lo adverso que le fue el medio a mi amado Jocelyn. En entrevistas y declaraciones nadie le oyó llantinas ni quejas. Hacía alarde de su total indiferencia al elogio: "Como soporté la indiferencia con total dignidad, ahora soporto la fama con total indiferencia. En eso me considero insensible a la diatriba y al elogio. No vivo en este mundo." Nada lo arredraba en su empeño. Estaba seguro de que era un asno con orejeras que iba a su destino. Sabía que sólo textualmente lograría ese destino. "Leo con incansable voracidad, leo como mortificación, como distracción y como salvación."

En carta a Juan Ramón Jiménez le dice: "Espuela de Plata no pudo seguir publicándose. Se hacía con esfuerzos increíbles, pero sin eco, y después de seis números el cansancio y la imposibilidad nos apretaban terriblemente."

No tuvo apoyo de la cultura oficial. Ningún funcionario lo ayudó. Cuando ya estaba harto de sus contratiempos en la Cárcel de La Habana logró intercambiar su empleo por uno inferior en el Ministerio de Educación. Me decía de sus humillaciones allí. El era corpulento y no le dieron ni un escritorio para desempeñar sus funciones. Se sentía muy avergonzado por no tener un trabajo específico que realizar. Eso en Cuba se llamaba una "botella" y "botelleros" los que lo tenían. Algunas mañanas me decía que prefería no ir al Ministerio para no verse en el trance de estar de pie, dando vueltas por la oficina.

En cierta ocasión nombraron Director de Cultura a un profesor del Instituto de la provincia de Oriente, Carlos González Palacio. Se afable con Jocelyn y conocedor de su labor intelectual y de Orígenes, su revista. Le ofreció cooperar con él en todo lo que necesitara. Fueron unos breves días de alegría y de un relativo triunfo. El no deseaba subvención para la revista porque se negaba a comprometerla con publicaciones con las que no estaba de acuerdo.

Recuerdo el día que llegó dando gritos: —¡He matado a un hombre y nadie lo sabe! Yo no salía de mi estupor, aunque intuía una broma. Efectivamente, se refería a la repentina muerte del Director de cultura. Como González Palacio le había prometido ayuda, los hados lo habían fulminado para que no lo ayudara.

Insistamos, mi hermano sufrió los embates de un mundo hostil, antes y después de la Revolución.

Nuestra madre, que lo adoraba, no aceptaba tanta injusticia, pero él prefería ser libre como escritor.

La vida de mi hermano era muy ordenada y monacal: he ahí su obra. Asistía a actos culturales, a la playa y a convidadas a comer. Cuando llegaba a La Habana algún intelectual de talla iba a oírlo y me convidaba, generalmente. Recibía visitas de los que querían conocerlo y si veía en ellos alguna inquietud cultural les prestaba libros y ejercía su magisterio. Recibía en la habitación que habíamos convertido en biblioteca, donde cualquier mueble se convertía en estante de libros: una silla, una mesita, el escritorio, iba amontonándolos hasta que ofrecían peligro de caerse. Escribía sobre una tabla que había mandado a hacer; yo también tenía la mía.

Baldomera se quejaba de que era muy difícil limpiar ese cuarto en las condiciones que estaba; Mamá misma lo limpiaba. No se olvide la alergia al polvo que padecía. Por eso no cerraba las puertas ni la ventana que daban a la habitación. Recibía a puertas abiertas. Nunca dormía fuera de la casa y si salía, no trasnochaba. Era una vida muy moderada y hogareña. A mí me cuidaba en forma exagerada e impedía mi trato con intelectuales de dudosa rectitud. Yo me molestaba porque la bohemia me tiraba. Me tenía que limitar a conocerlos en conferencias o cuando visitaban nuestra casa. Sin embargo, cuando llegaba a La Habana algo o alguien de talla, casi me exigía ir. Fue por eso que, a pesar de nuestras penurias económicas, vimos todo lo que llegó a La

Habana de entonces. Y ya cuando ingresé en la Universidad de La Habana, a los 18 años, instigada por él, propiciaba cuanto intelectual podía ofrecernos algo.

Nuestra madre que, como ya se ha repetido, lo quería en extremo, no se resignaba a que un hombre tan talentoso viviera excluido de los placeres que sólo se pueden obtener con dinero. Ya después lo aceptó y defendía su obra como si también fuera transparente. Hablaba con sus amigas de la correspondencia tan selecta que recibía y del respeto que tenía en la crítica internacional. Pero el dolor persistía para Mamá y para mí.

El me había enseñado a contestar con una Greguería de Ramón Gómez de la Serna cuando algún imprudente hiciera alusión a que no entendía sus poemas. Y yo la usaba con especial insolencia: "¿A Ud. le gustan las otras? ¿Y Ud. las entiende?"

Recuerdo anécdotas que ensombrecían nuestro hogar: estaba mi hermano dando un ciclo de conferencias sobre *La expresión americana* (que después recogió en un pequeño volumen) y entró una llamada telefónica que contestó Mamá: "Señora, ¿podría Ud. darnos el nombre de la funeraria donde está tendido el poeta Lezama Lima?"

En la casa sólo había quedado con ella Baldomera pues todos habíamos ido a la conferencia. Hago un paréntesis para decir que nuestra madre nunca asistió a una conferencia de mi hermano.

Mamá, temblando de emoción contestó: —Mi hijo está dando una conferencia. —"Señora, es que le ha dado un ataque al corazón."

Milagrosamente, mi hermano entró en ese momento y encontró a mi madre presa de un ataque de nervios.

Había un grupo de aficionados a la literatura que se creían con condiciones para colaborar en Orígenes con trabajos poco valiosos y al no permitirlo mi hermano, que era muy exigente, le había tomado tal ojeriza que lo divertía hacer sufrir a la familia.

En otra ocasión, llegó un paquete de la dulcería Lucerna, una de las mejores de La Habana, que contenía un Tatianoff, dulce exquisito de chocolate. Yo desesperaba por comerlo y cuando lo abrimos mi hermano dijo: "Es preferible botarlo pues puede ser una fechoría de algún malandrín que lo haya envenenado para enfermarnos."

Porque nacer en Cuba es una fiesta innombrable —ha dicho mi hermano en uno de sus poemas— y yo diría que crecer al lado de mi hermano fue una fiesta innombrable.

De mi hermano ha quedado su inmensa y profunda obra, pero lo que se llevó con él fueron sus diálogos, sus conversaciones. Si un Platón contemporáneo los hubiera recopilado constituirían tomos maravillosos. Los que vienen de Cuba, muchos por su edad no lo conocieron, dicen que las anécdotas sobre Lezama se suceden en cualquiera conversación literaria, algunas ya son leyendas. Fue uno de los grandes conversadores que tuvo La Habana de entonces. Era un devorador de lecturas y tenía una memoria hipertrofiada. Había procesado una suma de conocimientos que cubría todos los espectros de la cultura. Siempre dijo que en su biografía había pocos datos y que casi todos iban paralelos a sus obras.

En 1991 salió editado un volumen titulado *La Habana* que recopila 99 artículos publicados en un periódico habanero, El Diario de la Marina.

Algunos de esos artículos recogen esa gracia innata que en algunas ocasiones se volvía ironía en los textos de Lezama: "El día de cobro," "La suerte del cubano," "Las librerías de viejo," "Gastronomía."

En la mesa se comentaban, mejor se caricaturizaban, los temas más insólitos. Aprendí así el difícil arte de la conversación y agradezco la amenidad que ha proporcionado a mi vida. Ahora que vivo en Estados Unidos y la prisa o no sé qué va matando ese arte, me placen dos hábitos adquiridos en mi hogar: la lectura y el diálogo. Mi hijo me dice: "Mamá, por la noche cada miembro de la familia se refugia en su ratonera para ver sus televisores individuales." Se refiere a la noche de un hogar norteamericano.

No puedo dejar de comentar que ya en La Habana no se usaba velar a los muertos en las casas, sino en las funerarias. Los primeros en aceptar la costumbre fueron las clases pobres, por un problema de espacio y después llegó a hasta la clase alta para borrar el recuerdo del velorio.

Jocelyn era un experto en hacer viñetas deliciosas sobre esos temas. "Se ha perdido la pena sabrosa, explayada. Las mujeres no pueden llorar a gusto vestidas con ropa de salir y con un bolso en la mano. El bolso impide la familiaridad con el dolor."

Cómo recordaba el velorio y entierro de la madre de uno de sus profesores. Decía: "Las hermanas, en un coro griego —cuando se iban a llevar el cadáver gritaban: "Cuiden a mi hermano." A lo que él respondía con voz abaritonada: "No, a mí no, a ellas, a ellas." Sin duda esa "subópera" no puede suceder en una funeraria. Otras anécdotas de este tipo amenizaban la falta de televisión. Con cuánta gracia recordaba Jocelyn la definición de *pródigo* de uno de sus profesores: "Pródigo es aquel que derrama vino de Chipre en copa de esmeralda tallada en una sola pieza."

Walt Disney era un masaje para la retina, pero nos burlábamos bailando el vals de las horas, imitando los hipopótamos en punta de pie. Recuerden la película Fantasía.

Podía también tener mucho carácter y se avinagraba tanto que yo intuía cuando la broma se volvía quevediana. En muchas ocasiones, Mamá, Rosita y yo tejíamos chismes familiares intrascendentes y él desde su cuarto nos gritaba molesto: —"Levanten el tono."

Con mi esposo, Dr. Orlando Álvarez, después de una conferencia
sobre mi hermano que pronuncié en la universidad de Yale.
Abril de 1978.

XVI

En la primavera de 1987, en el número de la gaceta El Gato tuerto dedicado a escritores y artistas cubanos residentes en España, aparece una "Conversación con Gastón Baquero," entrevistado por Felipe Lázaro, donde Gastón hace aseveraciones que me llenaron de estupor. Repasemos las palabras de Baquero: "En rigor, no hay tal generación de Orígenes. Ud. no puede hallar nada más heterogéneo, más dispar, menos unificado que el desfile de la obra de cada uno de los miembros de la Generación. Siempre he tenido la impresión de que Lezama, que era una personalidad muy fuerte, que tenía un concepto exigentísimo para la selección y publicación de un material en "su" revista, aceptó a muchos de nosotros a regañadientes porque no tenía a mano nadie más. Creo que literariamente no nos estimaba en lo más mínimo. Lo que cada uno de nosotros hacía estaba tan lejos, a tantos kilómetros de distancia de lo que él hacía, que la incompatibilidad radical era no sólo obvia sino escandalosa."

Ese secreto rencor de Gastón es injustificado. Cada miembro de la Generación de Orígenes o Espuela de Plata —como él, hubiera preferido que lo recordaran— produjo su obra con la suficiente autoría, con la suficiente savia para mostrar la calidad del grupo, pero toda ella está permeada de una exigencia y un rigor comunes. Toda ella está hecha para que pueda ser valorada por sus miembros sin sentir pudor. Ese grupo, que intercambiaba lecturas, y sometía su obra a la crítica de sus miembros había hecho de la literatura su corriente circulatoria.

La alegría que mostraba mi hermano cuando se reunían en la casa de Monseñor Gaztelu que estaba contigua a la iglesia de Bauta,

69

de donde era párroco, era incomparable a la de ningún otro festín. La amistad rebosaba y la poesía presidía.

Nunca oí decir a mi hermano que la calidad de Cintio Vitier fuera inferior. Siempre mostró respeto y orgullo de que lo acompañara en su periplo creador. Destacaba la exquisita sensibilidad de Fina García Marruz y la condición de poeta de Eliseo Diego y la condición especial de versificar del Padre Gaztelu. Puedo asegurar de que si Lezama Lima no hubiera creído en la necesidad de la revista para perpetrar colaboradores, no se hubiera embarcado en la labor titánica que era cada número de Orígenes. La recopilación del material consumía gran parte de la energía de mi hermano. Tenía gran fe en la inteligencia y en la creación y donde creía encontrar un filón ahí cavaba. Tratar a Lezama era acercarse a un mundo intelectual vigente y eterno. Quería encontrar el absoluto de la poesía y un lenguaje secreto para expresarlo. Aquel hombre contemplativo era un trabajador incansable para proporcionarle a la cultura cubana una seriedad integral. Sin concesiones. Si eso es ser un ogro tendría que rendirme a la evidencia.

Recuerdo una anécdota que desdice a Gastón Baquero: "Eloi, atiende a ese joven que está en la sala porque vale mucho." Y yo me desvivía por agasajar a Baquero que era extremadamente susceptible. En una ocasión en que mi hermano lo hizo esperar más tiempo del acostumbrado, cuando salimos a la sala ya se había marchado. Era el Gastón de *Saúl sobre su espada*. Después aceptó un alto cargo en el periódico Diario de la Marina y mi hermano consideró que había vendido su alma de poeta al diablo: que ya lo habían perdido. El tiempo ha demostrado que el poeta de siempre estaba intacto y sus últimas publicaciones así lo demuestran.

Quiso ayudar económicamente a Jocelyn y le dio una columna en el periódico en el cual Baquero era jefe de redacción. Titularon la columna Habana. Se suponía que en esa columna apareciera diariamente un tema de actualidad. Entre el 28 de septiembre de 1949 y el 25 de marzo de 1950 aparecieron 99 artículos que fueron recopilados en un volumen titulado *La Habana*. Lezama no firmaba los artículos ni les daba mayor importancia. Escribía la columna "calamo currenti":

31 artículos literarios; nueve relativos a la arquitectura; ocho a la pintura; cuatro a la música; cuatro al teatro; dos a la danza y uno al cine. Completan los 99 artículos: 26 socio costumbristas; 14 ético sicológicos; 10 efemérides; nueve filosófico religiosos y nueve sobre el clima. Sólo escribió la columna seis meses. Baquero le pidió un esfuerzo de adaptación a la tremenda realidad del periodismo. Sabía que Lezama necesitaba los $100 dólares o pesos mensuales que percibía, pero que no era terquedad ni orgullo de su estilo, era que él no podía dejar de ser quien era y mucho menos tocar temas de políticos corruptos en época de elecciones. Por no ceder perdió cien oportunidades y se cerró cien puertas.

Del exquisito espíritu de Gastón voy a transcribir un párrafo de una carta que me escribió a la muerte de mi esposo:

"Tanto tú como yo estamos tan sumergidos en los recuerdos y en las tristes memorias, que la vida nos va dejando sin nada que decir; sin un lenguaje que supere al silencio comprendo que estarás como prisionera de un estrecho mundo de memorias tristes, pero necesitamos seguir asistiendo a la representación y protagonizar un rato más la parte que nos toque, cerrando los ojos al ayer, por reciente que sea... Creo con Goethe en lo de que "la naturaleza me ha metido en la danza, ella me sacará de la danza."

Otras muchas de igual belleza me escribió y todas contribuían a darme la calma. De Monseñor Gaztelu y de Gastón Baquero debo agradecer la compañía que me han brindado en estos años de soledad.

XVII

Angel Gaztelu visitaba nuestra casa diariamente. Estudiaba en el Seminario de San Carlos. En los primeros encuentros con José Lezama Lima se deslumbró con el mundo literario que mi hermano le mostró. Lo enfrentó con la poesía moderna. El estaba detenido en Zorrilla, en Espronceda... Su formación en el Seminario era clásica. Sus profesores impedían que él traspasase esos parámetros. "Por primera vez; gracias a Lezama, pude leer a James Joyce, a García Lorca, a Gabriel Miró" —ha dicho Monseñor Gaztelu con gran devoción. En su carrera eclesiástica esas nuevas luces lo dañaron. Los profesores del Seminario vieron con malestar su contacto con Juan Ramón Jiménez y el haber sido seleccionado para aparecer en la *Antología de la poesía cubana* publicada por el poeta andaluz durante su estancia en La Habana.

Dice el sacerdote que casi todas las tardes salían a pasear por el Malecón, continuaban por La Habana Vieja y terminaban en La Victoria, librería a la cual he hecho referencia. Gustaba de hablar con Gaztelu de literatura, pero también de filosofía y teología. Sus discusiones eran famosas. En la trastienda de La Victoria se suscitaban charlas en las que Lezama llevaba la voz cantante. Allí le empezaron a llamar el Maestro.

Debo subrayar algunos juicios de Monseñor Gaztelu sobre Lezama Lima que, por su condición de sacerdote, adquirien una especial relevancia: "Nunca trató de imponer sus criterios estéticos. Se ha llegado a decir que él era un hombre críptico, inasequible. Nada más lejos de la verdad. Desde el punto de vista humano, era una

73

persona afectuosa y dispuesta a ayudar a todo el que transpirara talento. Su estatura espiritual era tremenda ... Le encantaban las reuniones entre amigos. Constituye un recuerdo imperecedero para quienes tuvimos la gracia tan cercana de conocerlo." Gaztelu es un vasco lleno de fibra. En el destierro hemos reverdecido su cariño y su devoción. Se declara un deudor literario de mi hermano. Y me repite que me considera un familiar cercano. Cuando murió Orlando, mi esposo, me refugié en él. En cierta ocasión en que declaraba mi fe inconsistente, Monseñor me repetía que algún día nos reencontraríamos todos y que él me aseguraba un sitial con mi hermano, con mi madre y con Orlando. Yo, llena de escepticismo, no cesaba de llorar. Gaztelu insistía en la Resurrección en el sentido paulino y al ver mi cara desconfiada, ya impaciente, levantó la voz y me dijo: "¡Si no es así, qué carajo he hecho yo aquí en un convento toda mi vida!"

Jocelyn era un hombre tierno, por eso publiqué sus cartas. Quería que vieran a un Lezama lleno de amor familiar. En la voluntad de su barroquismo estaba su risa de hombre bueno, su necesidad de estar rodeado de "una muralla de madres": un minotauro buscando amor. De él se dijo que era un Alonso Quijano.

Quiero aprovechar para explicar que publiqué sus cartas sin ningún propósito político. Después, cuando las releí, me percaté de que habían resultado un manifiesto contra el régimen castrista. Un régimen donde Lezama Lima no pudiera vivir tranquilo, tenía que ser oprobioso.

Después de su muerte, muchos amigos me han confesado que la relación con mi hermano fue el hecho más importante de sus vidas. Hoy todos consideramos un privilegio haberlo conocido o, al menos, conocer su obra. Obsérvese que muy pocas entrevistas de los de aquí o de los de allá carecen de un párrafo dedicado a este increíble barroco cubano.

En una entrevista con Eliseo Diego, que apareció en el suplemento mexicano Sábado del 7 noviembre de 1987, Eliseo responde a las preguntas relacionadas con Orígenes y con Lezama Lima en forma tal que merecería un estudio aparte de estas crónicas, pero repasemos algunos fragmentos: "Yo no me encontraba ni en lo que escribía Lezama ni en lo que escribía Cintio. Con esta respuesta respondemos a la "boutade" gastoniana de que los poetas de Orígenes no tenían nada que ver unos con los otros. Esas diferencias que señala Eliseo Diego constituyen una de las características más genuinas e interesantes del Grupo. La intertextualidad de sus diferencias dan la pauta de la calidad de sus integrantes. Refiriéndose a Orígenes dice Eliseo: "Había un consejo de redacción, pero las decisiones las tomaba en un 98% el mismo Lezama. El resto era la contribución modesta que hacíamos nosotros." Lo que olvidó decir Eliseo Diego es que nunca rechazó un trabajo hecho por el grupo de colaboradores, los que después han sido llamados origenistas. En varias ocasiones me aclaró que la Revista se hacía en gran parte para que ellos publicaran. Hablando de sus queridos colaboradores me dijo: "Valen, tienen mucho talento, pero son perezosos." Los llamaba y les instaba a que mandaran colaboraciones. Yo que lo leía día a día y con gran amor comprendía que su pasión por la cultura era tal y de tal obstinación y dedicación que era difícil encontrar quien lo siguiese. Los que lo rodeaban "sabían que estaban frente a una irrupción *única* de la poesía." (Entrevista citada con Eliseo Diego.)

En el análisis de su sistema poético es fácil identificar la pasión que lo movía para encontrar el absoluto de la poesía. Estúdiense sus conceptos sobre poesía, poema, poeta y lector. Y llega al paroxismo cuando considera que la poesía puede sustituir a la religión.

Vuelvo a insistir en que siempre intentó que poesía, pintura y música fueran al unísono en un intento por unificar la cultura.

Cervantes es a Velázquez lo que el pintor cubano René Portocarrero es a Lezama Lima. La poesía lezamesca se adentra en las "catedrales" de Portocarrero. El pintor ha dicho que ningún crítico igualó a Lezama en sus estudios sobre su obra. Y Raúl Milián, cuyas flores Lezama Lima tanto amó, ha dicho de él: "Lezama Lima fue un hombre genial. Yo no he admirado tanto a un escritor cubano como lo admiré a él."

Cuando Julián Orbón llegó a Lezama era un adolescente. Tenía prosapia de músicos y revelaba un gran talento. Estableció una gran amistad con mi hermano. Tuvo una etapa en que estuvo enfermo e internado en un sanatorio en Estados Unidos. Recuerdo cómo mi hermano cuidaba de escribirle con frecuencia para ayudarlo en su soledad. Asimismo intervenía en sus relaciones con Tangui, una muchacha santiaguera (de Santiago de Cuba, provincia de Cuba.) Tangui tenía una familia encantadora y Juanito, su hermano, también era músico. Jocelyn pensaba que Tangui sería una buena esposa para Julián. Lo cual la vida comprobó: en el exilio se echó a sus espaldas a Julián para que no abandonara su obra. Orbón ha dicho en varias ocasiones que la amistad con Lezama Lima fue lo más importantes que le ocurrió en su juventud. Julián y el español José Ardévol nos acercaron a la música contempor anea. Ardévol tenía un conjunto de cámara y mi hermano y yo no nos perdíamos un concierto.

En una de esas tardes memorables, en el Lyceum, ocurrió la riña con Virgilio Piñera, tan conocida en los grupos literarios. En un intermedio mi hermano salió. Yo pensé que había salido a fumar. Según supe después se cambiaron golpes y el pobre Virgilio; que era de constitución endeble, salió maltrecho. Cuando mi hermano regresó al concierto, llegó jadeante y muy alterado. Comprendí que algo había pasado y me mortifiqué, pero no le indagué más porque la música lo impedía. Después nos dio la orden que no le permitieran pasar a nuestra casa. Aún después de la pelea, Virgilio iba esporádicamente a nuestra casa de Trocadero y mi hermano nos recordaba invariablemente la orden de que se le dijera que no estaba. Virgilio, indignado, decía que Lezama tenía que recibirlo porque él pertenecía al cuerpo de consejeros de Orígenes. Mamá y yo nos molestábamos porque en ocasiones los recados llegaban a ser harto desagradables. Me refiero a que ante la insistencia de Piñera nos ordenó que le dijéramos que él estaba muerto y tendido en la funeraria Caballero, la más aristocrática de La Habana.

Al pasar los años y ya yo fuera de Cuba, reanudaron la amistad, unidos en su rechazo al régimen. Siempre me comentó que Virgilio tenía mucho talento y un sentido del humor negro delicioso. Pero sobre todo era un gran poeta.

Ya he dicho que Cintio Vitier es quizá el mejor exégeta de mi hermano. Nadie como Cintio y Fina pueden darnos datos más reveladores. Cierta vez dio Vitier un curso sobre poesía cubana en el Lyceum. Inició el curso con *El Espejo de Paciencia*, la obra con la que se abre el estudio de la literatura cubana. Cuando le tocó el turno al análisis de la obra de Lezama Lima, hizo un estudio tan cuidadoso y acertado que el auditorio escuchaba absorto. Hay que subrayar que la bibliografía sobre mi hermano era rudimentaria, si alguna. Mi hermano y yo habíamos asistido a todas las lecciones, donde Vitier se mostraba como un gran crítico y un extraordinario profesor. Cuando le tocó el turno al estudio de la obra de Lezama Lima, yo me sentí tan emocionada mientras Vitier iba explicando sus difíciles textos ante el asombro de muchos académicos que no le concedían ese rango. Cintio ha seguido trabajando en la obra de mi hermano continuadamente. Recientemente ha publicado una edición crítica de *Paradiso*[9] que es insuperable. En un estudio cuidadoso y exhaustivo cometió Vitier el error de, salvo excepciones, incluir sólo autores cubanos adeptos al régimen de Castro. La pasión política lo llevó a eliminar crítica muy valiosa de extranjeros y cubanos desterrados.

Los origenistas que quedaron en Cuba han insinuado que Lezama Lima no estuvo contra la Revolución comunista. Si bien en los inicios de la llegada de Castro tuvo la ingenuidad de la inmensa mayoría de los cubanos —incluyéndome a mí— de pensar que el que ha oprimido y destruido a Cuba fuera un loco de buena fe.

---

[9]   Colección Archivos, España, 1988.

XVIII

Orlando nos convocó al niño y a mí para la ceremonia de romper la alcancía y sobre la cama derramar el manantial de monedas que pareció no tener fin bajo el asombre de los tres. Al contrario confirmamos que teníamos suficiente para un buen viaje: nuestro primer viaje a Europa. Orlando quería conocer bien España; yo no estaba de acuerdo pues, más pesimista, temía que fuera nuestro primer y único viaje —después fui catorce veces—. Como siempre, hicimos ajustes y decidimos estar veinticinco días en España y el resto en París, Londres y Lisboa.

Inmediatamente llamé a mi hermano para darle la noticia. La alegría atravesaba el hilo telefónico. Ipso facto empecé a llorar. Eran tiempos en que siempre tenía las lágrimas agazapadas en los lagrimales. Pensé que ese viaje le correspondía a él. Me calmó diciéndome que me seguiría textualmente si le decía mi tinierario. ¡Cómo manejaba el surrealismo textual! No olviden que nunca conocío Europa. Madrid lo describía pulgada a pulgada: el Retiro, el Escorial, Aranjuez... pero lo desconcertante era el Museo del Prado. —Al entrar en el Museo no pierdas tiempo. Velázquez, Goya, el Greco, que ya habrás visto en Toledo, los impresionistas, pero antes de cansarte busca a el Bosco. Obsérvalo con cuidado pero con mucha alegría al Gran Gerónimo en sus detalles más nimios. Si vas al Museo de la Zarzuela no te asombres al comprobar el peto de Carlos V; como es posible que un hombre tan pequeño de estatura fuera un gigante en la guerra.

Una petición muy especial, mi hermana, al llegar a París ve primero a la Sorbonne y allí a la entrada de la Universidad verás la estatua majestuosa de Montaigne. Agarra a tu hijo y medita un rato, entrégate a él y pídele que nos ilumine, que únicamente su sabiduría puede salvarnos. Tuve que interrumpir la comunicación porque ambos estábamos tan llorosos que no nos entendíamos.

Hicimos nuestro viaje de la mano de mi hermano. Cuando llegaba al hotel, tarde en la noche, le resumía mi día y después él me agradeció los días tan felices que le había proporcionado. Hacía era nuestra comunión.

XIX

Finalmente tuvieron que internar a Baldomera/Baldovina en el Asilo Santovenia, que era una institución que vivía de subsidios particulares. Monseñor Gaztelu, nuestro entrañable amigo, hizo las gestiones. Allí terminó sus días llena de alegría y paz. María Luisa, la esposa de Jocelyn, padecía de una afección cardíaca que la obligaba a llevar un relativo reposo y no tenía fuerza para ayudar a nuestra fiel sirviente, que por demás estaba insoportable. María Luisa comentaba que Baldomera era peor que el comunismo.

Cuando mamá murió y la esposa de mi hermano pasó a ser la señora de la casa, Baldomera no toleraba que suplantaran las costumbres de su ama. Ante cualquier cambio protestaba diciendo: —la difunta no lo hacía así. Y no obedecía sus órdenes. La más mínima alteración provocaba su protesta recordando a la difunta a quien había querido con adoración. Yo la recuerdo parada en la puerta de la casa esperando a "la mi señora", si demoraba unos minutos más de lo acostumbrado.

Recuerdo un diálogoentre Mamá y Baldomera que mucho me impresionó cuando yo era una adolescente: Baldomera tenía un hermano que la visitaba de vez en cuando. Mamá sentía celos de que Baldomera lo quisiera más que a ella por el simple hecho de que era su sangre. En aquella discusión Baldomera alegaba que si la señora moría, su hermano se haría cargo de ella. Mamá objetaba que para estaban sus hijos. —Y sis sus hijos murieran ¿entonces qué? —Mis nietos, gritaba Mamá. Y antes que Baldomera empezara a decir... si mueren sus nietos, Mamá hecha una furia daba alaridos diciendo: Si tú sobrevives a mis nietos, desde el más allá mando un rayo que te fulmine.

Mamá era la que más recio la llevaba y, sin embargo, era a la que más quería a pesar de que nosotros tres la defendíamos cuando la regañaban. La muerte de nuestra madre fue para ella una hecatombe. Yo pienso que como una fiera herida quería huir.

Jocelyn la visitaba en el asilo y me decía que allí comía mejor que él. Eran ya tiempos de gran escasez de alimentos en Cuba y haciendo broma me decía que cuando veía la comida se hubiera quedado allí. Recuérdese que la libreta de racionamiento es tan miserable que él llamaba a la cena el desayuno nocturno: un triste café con leche con un panecillo, algunas veces.

Baldomera vivió muchos años después de los noventa y Jocelyn decía que a la muerte se le había olvidado recogerla. Cuando tenía cincuenta años de edad le fue diagnosticado un cáncer de la vejiga y el médico me dijo que le esperaba una muerte próxima y muy dolorosa: todos estábamos consternados. Meses después desaparecieron los síntomas y nunca más tuvo ninguna dolencia cancerígena.

En cierta ocasión visitó el asilo la plana mayor del gobierno de Fidel Castro, incluyendo el Comandante en Jefe. Prepararon un acto vistiendo bien a los viejitos y haciéndolos desfilar. Y según nos contaron, Baldomera abrió el cortejo bailando una "muñeira" con tal gracia y donaire que fue la admiración de todos. Ella había sido tamborilera en su pueblo y conservaba el ritmo. Tenía entonces noventa y seis años.

XX

Recuerdo el día que Castro llegó a La Habana. Orlando tenía una emisora de radio y estaba acuartelado. Yo estaba sola en mi casa y se suponía que no saliera a la calle porque podía ser peligroso. Pero no podía controlarme sin ir a ver a mi hermano y cambiar impresiones sobre lo sucedido. Al fin tomé mi automóvil y llegué a la casa de mi madre. Al llegar, muy emocionada, abracé a mi hermano y le dije: ¿no estaremos ante un alucinado, un Martí de este siglo? Su respuesta fue tajante y muy molesto argumentó negativamente. Recuerdo cuando en un tono airado ripostó: no digas insensateces, este hombre no tiene obra, nada lo avala. Hay que esperar ... Todavía anda por *La peste* de Camus. En su escepticismo parecía presentir la dosis de dolor que le proporcionaría la Revolución comunista. Su miedo a un arresto después de condenarlo al ostracismo iba en aumento. Esperaron su muerte y la de su esposa para iniciar su rescate a base de halagos y pseudomentiras. En sus últimos años fue declarado "no persona" y después de muchos años lo han resucitado como si nada hubiera pasado. Lezama tiene una estatura literaria universal y en ese ámbito debe colocarse su obra y no pretender involucrarlo en un período oprobioso de la historia de Cuba.

De la admiración de Fina García Marruz y Cintio Vitier por mi hermano nunca he tenido dudas, pero resulta inaceptable que lo quieran exhibir en la carroza que ellos tomaron por razones personales. Hay demasiados testigos que desvirtúan cualquier identificación de mi hermano con quien consideraba un ridículo malvado.

Hace unos días se celebró en La Habana un conversatorio sobre Orígenes. Allí se oyeron ponencias sobre mi hermano. Gaztelu, Baquero, etc. Sin embargo, es inconcebible igualar la labor de mi hermano con la de Rodríguez Feo, que se limitaba, con trabajo y demoras, a pagar la tirada de la Revista. Pero Rodríguez Feo se integró al régimen castrista y convenía exaltarlo.

XXI

El 21 de octubre de 1944 nos casamos Orlando y yo en la Iglesia de Monserrate de La Habana. Entré del brazo de mi hermano, radiante de dicha. Estaba segura de mi amor y de la calidad de Orlando. Fueron unas relaciones tormentosas porque la integración de Orlando a nuestro cerrado clan no fue fácil. Orlando era un hombre muy complicado y de muy pocas palabras: no parecía cubano. Era de origen gallego y su familia no era de fácil comunicación.

Recuerdo mis primeras visitas a su casa y aquella mesa tan diferente a la nuestra. Nadie hablaba y se sentía el ruido de los cubiertos en medio de un silencio que se podía cortar.

Uno de sus hermanos era médico. Dijo en cierta ocasión que no podía trabajar mientras su patria no fuera libre. Estaba Fulgencio Batista en el poder. Después vino la dictadura comunista y empezó a conspirar. Era muy cubano y de una valentía callada, sin alardes. Le echaron veinte años de prisión. Entró en la cárcel de 40 años y salió viejo. Estuvo tres años en el destierro y murió de un ataque cardiaco. Era un hombre admirable. En su velorio nos enteramos de las heroicidades que había hecho en la cárcel. Sus compañeros de prisión narraban anécdotas que revelaban un fenómeno que se daba con frecuencia en Cuba: un hijo de españoles con una fibra cubana que sobrepasaba a la de muchos criollos legítimos.

Orlando también era un gran patriota. Vivió veintisiete años en el destierro. Tuvimos una vida económica desahogada, pero no aceptaba vivir fuera de Cuba. Los primeros años de lejanía fueron de gran angustia, después nos resignamos.

Vivimos en Miami, Florida, y en San Juan, Puerto Rico. Cuando yo le preguntaba cuál de las dos ciudades prefería, siempre contestaba que La Habana, Cuba, que para él no había otra ciudad.

XXII

R ecuerdo aquel día en que me estaba preparando para embarcar al día siguiente. Íbamos a unas vacaciones Orlando y yo y me faltaban algunos detalles de última hora. Recibí una llamada de una compañera de universidad muy querida; era María Luisa, la que después sería la esposa de Jocelyn. Cuando me dijo que tenía que verme con urgencia, le contesté que sería a nuestro regreso. Me insistió en que no era posible, que tenía que verme antes de mi partida. Llegué a pensar en una urgencia económica, aunque no era su estilo. Decidí recibirla y cuál no sería mi asombro al decirme María Luisa que estaba enamorada. Yo me puse contenta y así le hice saber que era lo mejor que podía ocurrirle. María Luisa era de una familia cuáquera de vida muy austera. Había perdido dos hermanos y su hogar era un hogar triste. Era una buena amiga y yo la distinguía mucho. Algunas veces la convidaba a almorzar y convidaba también a mi hermano y a Mamá. Ella irradiaba felicidad. Era muy susceptible y yo era cuidadosa en mi trato.

Cuando me espetó que estaba enamorada de mi hermano, me preocupé al no saber cómo mi hermano iba a reaccionar. Estaba convencida de que si ella había tenido esa confidencia tenía que ser algo muy profundo.

Al regresar de nuestro viaje, corrí a decírselo a mi hermano. El se mostró sorprendido y a su vez preocupado porque sabía de la trascendencia de ella y de su confesión. Mi hermano estaba envuelto en una relación con una bibliotecaria y aunque no era nada formal yo se lo insinué a María Luisa. A los pocos días me trajo su biblia de uso diario de regalo. Me angustié al interpretarlo como una fatal despedida.

Al ausentarme yo de Cuba la amistad de María Luisa y mi madre creció más y más. Iban juntas al teatro, a las tiendas y la afinidad entre ambas iba favoreciendo el acercamiento a mi hermano.

Cuando Mamá enfermó de cuidado, ella se constituyó en una compañía inseparable. Ya Rosita, mi hermana, estaba también en Miami y la soledad de nuestra madre era patética. Doce días duró la gravedad de Mamá y María Luisa estaba siempre en el hospital. Al morir Mamá, ya mi hermano no podía prescindir de ella y según él decidieron unir dos soledades.

XXIII

Si yo titulara los capítulos de esta viñetas, éste se encabezaría como los traidores. No es una larga lista pero sí repugnante, dolorosa.

A los 18 años de muerto mi hermano y 15 de enterrada su esposa surgen voces que pretenden enfangar a José Lezama Lima con comentarios de desviaciones sexuales que nada tienen que ver con su monumental obra. Mi hogar —el de mi infancia y adolescencia— era un clan cerrado. En la mesa de la casa de mi madre no se sentaban extraños sin una previa invitación, en contra de mi opinión y la de Jocelyn. La Terrestre Obispa alegaba que no convidaba con chícharos remojados, que era una comida muy vulgar, según ella.

Con esta introducción trato de presentar un panorama de aquel sagrado templo que fue nuestro hogar. Debo invocar para que la ira no me domine y dé a estas baratas maledicencias su justo lugar en el contexto de aquel hombre respetable y honesto al que algunos amigos compararon con Alonso Quijano el Bueno.

Le cabe el deshonor de iniciar esta lista de traidores a Lorenzo García Vega. Se coló en nuestra casa para aprovechar la biblioteca, los consejos, la protección y los deliciosos diálogos con mi hermano. Ramona Vega, una viuda indefensa, acudía a mi hermano para que la ayudara con Lorencito, que lo orientara. El padre había sido senador de la República y les correspondía una buena pensión. Mi hermano se la gestionó con éxito y desde entonces se deshacían en halagos y regalos.

Lorenzo era inteligente y asimilaba las lecturas. Después de forzarlo a escribir publicó *Espirales del Cuje*, que obtuvo el primer premio de literatura nacional. Mi hermano me dijo en varias ocasiones que Lorenzo era el hijo que a él le hubiera gustado tener, repito.

Al llegar la Revolución se separó de mi hermano cuando la autocrítica de Padilla. Después abandonó a su mujer, a su hija, a su madre y ni tan siquiera se despidió de mi hermano. Al llegar al exilio, sin voluntad ni calidad moral, se le ocurrió engendrar un libro que tituló *Los años de Orígenes*, donde intentó desprestigiar al grupo al cual había pertenecido. El libro no logró su propósito y actuó como un "boomerang": Lorenzo no pudo con la carga de conciencia. Después de muchos años en el exilio, sólo ha logrado colocar mercancías en un supermercado de Miami. Yo he evitado verlo y preferiría no encontrármelo, pero si nos enfrentáramos le haría las pregunta clave: si mi hermano era homosexual ¿por qué ibas con tanta frecuencia a mi casa? ¿te convenía o intentabas brindarle favores corporales?

Lorenzo García Vega, pusilánime, descastado, que Dios te perdone.

Guillermo Cabrera Infante sigue la lista, pero no puedo considerarlo un traidor porque nunca fue amigo de mi hermano; además ya se ha exonerado en parte con sus elogios a la obra lezamiana.

Otro tipejo al que no conocí fue Ciro Bianchi. Escribe artículos inventando entrevistas y confidencias con mi hermano. Se ha constituido en el albacea de la obra de Lezama Lima y su relación con mi hermano consistió en ser un "recadero" de la casa. Mi cuñada lo utilizaba para pagar las cuentas de la luz, el agua y otros menesteres menores. En una ocasión se robó el dinero de una cuenta y les suspendieron el servicio. Es tal su falta de clase que se ha atrevido a decir que las cartas de mi hermano son un engendro mío. Es tan inferior que intenta echar lodo a una familia intachable.

Mi hermano me enseñó que con gente inferior no se sostenían polémicas, pero yo quiero formularle una sola pregunta: ¿cómo Ud. descubrió que mi hermano era un homosexual activo?

Yo viví con mi madre y mi hermano hasta que me casé. Ya estaba graduada de Filosofía y Letras y jamás me percaté que mi hermano tuviera una vida sexual misteriosa. A los 19 años de muerto Lezama Lima la crítica barata se solaza en abundar temas irrelevantes para epatar y desprestigiar al Grupo Orígenes, cuyos miembros se caracterizaron por su decencia y religiosidad.

Monseñor Gaztelu monta en cólera cuando lee semejantes infamias. Carlos M. Luis se atreve a decir que mi hermano publica *Paradiso* después de muerta mi madre para que no se escandalizara con el capítulo VIII. ¡Qué burda insensatez! La novela *Paradiso* fue escrita con largas interrupciones y cuando mi madre muere no está terminada.

No deseo seguir revolviendo el lodo. Prefiero recordar a mi personaje inolvidable, a mi maestro, con aquella fragancia que infundió a mi vida. Sólo lo difícil es estimulante, repetía. Y difícil es soportar con indiferencia la traición.

XXIV

Fidel Castro bajó de la Sierra Maestra, en la provincia de Oriente, y sus huestes venían con rosarios colgados al cuello. Todo el pueblo de Cuba se regocijó. Entró en La Habana y, salvo contadas excepciones, todos nos aprestamos a escucharlo. Se adueñó de los micrófonos y aquellos discursos de tres, cuatro horas eran atendidos con unción. Yo también caí en la ingenuidad de casi todos los cubanos y creí en él.

A los pocos días de estar en La Habana los barbudos, me avisó el dueño de una fonda-bar situada al lado de mi casa que estaba esperando a Fidel Castro y que si quería conocerlo, él me avisaba cuando llegara. Yo era conocida en mi barrio como "la maestra."

—Maestra, me dijo, yo sé de su simpatía por la Revolución.

Llegó el Barbudo en un automóvil de lujo, robado a no sé quién. Estaba rodeado de soldados y de una niña, que hoy pienso que era su hija. Me paré frente a la puerta del auto y me costó trabajo reconocerlo porque todos parecían iguales, con las barbas hirsutas, sucios y descuidados en el vestir. Al percatarse de mi confusión, dijo: —Yo soy Fidel.

Me quedé paralizada y perdí el habla por unos segundos. Debía apresurarme porque ellos tenían prisa, sólo estaban esperando recoger una cazuela de pulpo que habían encargado. Cuando me recuperé sólo pude decirle:

—No nos falle, Comandante. El respondió: —No tema, así será.

Hoy reconstruyo aquella ridícula escena con dolor. Allí se firmaba el inicio de los avatares de nuestras vidas. Aquel hombre que tuvo un pueblo a sus plantas, se burló de todo y de todos y se declaró marxista-leninista cuando menos lo esperaban los cubanos. Hay que subrayar que Cuba, a pesar de su adelanto socio cultural, era políticamente una nación imberbe, inocente. Creyó en este personaje de pacotilla como si fuera un mago. También Castro era un analfabeto en Economía y en Gobierno, llevaba la República como si fuera su propia isla Barataria.[9] Gobernaba por televisión e iba contestando las preguntas con los embustes que el pueblo quería oír.

Lo de menos es que sea comunista, es que es un malvado —repetía Jocelyn.

Se rumoreaban anécdotas para explicar tanta maldad. Se decía que Castro era hijo natural de un español rico. La madre —Lina Ruz— era la criada de una de sus fincas y se amancebó con el dueño y señor de la comarca, que era un hombre casado, sin hijos. Se decía que cuando el señor llegaba a la finca daba órdenes a la sirvienta que escondiera a sus hijos. Los niños permanecían encerrados varios días hasta que los señores partían. Fidel y Raúl nunca perdonaron el agravio a pesar de que su padre nunca los abandonó y los educó en el Colegio de Belén, uno de los grandes colegios de Cuba.

El día 25 de marzo de 1961 nos fuimos de Cuba. Orlando había recibido noticias de que él y su hermano Guillermo, el médico, serían arrestados en cualquier momento acusados de prestar el barco de Orlando a un prófugo. Con menos de veinticuatro horas me comunicó por teléfono que nos iríamos al día siguiente; había conseguido nuestros pasaportes, que estaban retenidos y no había más tiempo que perder. Llamé a mi madre para estar con ella las últimas horas que me quedaban en Cuba. Me dolía aquella precipitación porque un año antes Jocelyn me había propuesto que nos fuéramos todos y que él aceptaría una Delegación Cultural de Cuba en algún país de Europa; después nos asilábamos. Orlando no quiso irse porque estaba seguro que el gobierno de Castro no podía sostenerse en el poder por muchos meses.

---

[9] Rectifico; la isla Barataria tiene un tinte poético que no debo concederle. Mejor debo decir que Castro gobierna a Cuba como si fuera un botín de guerra que le arrebató a Fulgencio Batista y que el cubano no ha podido recuperar.

Agregaba con sorna que él tenía asientos de primera fila y quería ver el desmoronamiento de aquel oprobioso y ridículo régimen. Yo, sin embargo, presentía que nuestro viaje era definitivo y que no había regreso. La noche antes de embarcar le pedí a mi madre que durmiera conmigo; estaba segura que nunca más la volvería a ver. Fue una noche terrible porque Orlando se burló de mí y me decía que eran histerismos lezamianos. Recuerdo que en el albur de arranque cuando pasé por nuestra biblioteca, me santigüé en señal de despedida a mis libros.

Orlando se reía diciendo que en junio estaríamos de regreso. En la familia Orlando tenía fama de veraz y al llegar el verano, Mamá desesperada, me preguntaba qué día regresaríamos. Cuando se convenció que la fecha estaba supeditada a la caída del gobierno comunista, la abatió una infinita tristeza y a mi hermano una gran desesperación.

Al poco tiempo se inició el éxodo del resto de la familia. Jocelyn me acusaba de que yo provocara el deseo de abandonar aquel infierno sin preocuparme de que ellos quedaban atrapados y solos. Mamá había insistido en que mientras le quedara algún hijo allí, ella no se iría. Mi hermano en verdad era inexportable. No tenía valor de afrontar un exilio. Su movilidad era mínima y arrancarlo de sus libros era matarlo en vida. Todavía le quedaban en La Habana amigos con quienes compartir y Mamá que no lo abandonaría nunca. En sus *Cartas* están bien planteadas la angustia y la acusación de que me hacía objeto. Quiero insistir en que mi madre se hubiera desprendido de aquello menos de él. Fueron llegando todos menos ellos dos y cuando quisieron hacerlo ya era tarde: estaban atrapados como ratas.

En los primeros meses y hasta que Mamá murió había un rencor latente por mi ida. Nos cruzamos cartas donde con una aparente ternura había un río de hiel subterránea por mi abandono. Llegó al paroxismo cuando la gravedad de Rosa Lima. Recuerdo el puñal que me enterró al decirme que si yo había partido cuando nuestra madre tenía 73 años era un obligado que no estuviera presente para darle el último adiós. Hasta ese momento me había increpado para que regresara, aun en detrimento de mi matrimonio. La presión a la que me sometió fue de tal magnitud que una noche Orlando me instó a que lo hiciera pues nunca iba a alcanzar la paz separada de ellos. Me advirtió que ni mi hijo ni él me acompañarían.

Con la muerte de nuestra madre se sellaba el pacto. Era como si yo hubiese tenido la suficiente dosis de dolor a manera de castigo. Pero después supe que le había prometido a ella, o ella lo había exigido, que si se salvaba vendrían los dos a reunirse con el resto de la familión.

Después del entierro de Mamá, quedó tan apabullado que llorábamos por teléfono y tan profusamente que casi no entendíamos lo que nos decíamos.

Decidió casarse con María Luisa y logró la calma. Ya no hablábamos de un posible exilio de él ni de un regreso mío. Sí hacíamos planes de un reencuentro en un tercer país, que no logramos nunca. Fueron quince años jadeando por volvernos a ver. Hacíamos planes de estar muchas horas sin dormir para dialogar sobre esos años ausentes. Muchas veces todo indicaba que lo lograríamos, pero les impedían siempre la salida de Cuba. Recibió invitaciones de España y Suramérica, pero no se nos dio el sueño. En 1976 cuando me llamaron para comunicarme que había ingresado en el Hospital Calixto García con una posible pulmonía, hice gestiones para ir a Cuba. Era la tarde del domingo 8 de agosto cuando me llamaron. Tuve alguna remota esperanza de obtener el permiso de entrada a mi país, pero la segunda llamada de Cuba fue para comunicarme que había muerto. Tenía 65 años y murió con muy pocos cuidados médicos pues al ser domingo el hospital le ofrecía muy pocos servicios especializados.

A LA MUERTE DE GASTÓN BAQUERO Y DE ALFREDO LOZANO

Mayo 15 de 1997

Por eso lo quiero tanto: la muerte de Gastón ha estremecido los recuerdos de mi adolescencia. Se me agolpan las escenas de nuestro hogar, nuestra sobremesa, los atractivos visitantes que contrastaban con este vacío sin remedio; cómo no agradecer que me enseñó a respetar la cultura y a despreciar la insensibilidad. Eran los Años de Oro de la cultura cubana. Aquellos valores que no tenían relación con los medios oficiales eran apreciados, con olfato excepcional eran convertidos en adeptos y sin pérdida de tiempo formaban parte de aquella generación irrepetible. Cada uno aportaba lo suyo y los unía un rigor cultural y una pasión que les permitía respirar en un medio bien mediocre y lleno de ambiciones materiales sin exigencia. Ahora que casi todos han cerrado su *Gestalt*, se ha ido comprobando lo que Lezama intuyó desde siempre.

Hace unos días murió en Puerto Rico Alfredo Lozano, escultor de gran talla, entrañable de mi hermano. Recuerdo los días en que trabajaba arte sagrado con Monseñor Gaztelu. La parroquia de Bauta, la iglesia de Baracoa y el Espíritu Santo guardan las mejores muestras de arte sagrado de Lozano.

El valor y la calidad del grupo Orígenes se reforzaba con la amistad. Más de una vez dijo Lozano en público que conocer a Lezama había sido un privilegio único. Al regresar Lozano de México venía influido por un arte macizo y mi hermano, con su gran sentido

97

del humor le repetía: "Lozano, te es necesaria una mayor dosis de hormonas femeninas para suavizarte. Recuerdo la risa estentórea de Lozano y Jocelyn."

Ayer murió Gastón Baquero en Madrid. Acompañó el cortejo del Sanatorio la Paz donde murió hasta el crematorio, la intelectualidad española que supo valorarlo.

—Jocelyn, llegó Gastón.

Y como aún le faltaban los detalles finales para la cita, me enviaba a mí para entretenerlo. Gastón era inquieto y susceptible y no se le podía hacer esperar. Siempre me advertía: "Ese joven tiene un gran talento." Y yo en mi mente infantil lo imaginaba como Antonio Maceo, nuestro prócer, porque su físico era imponente.

Cuando lo nombraron jefe de redacción del periódico de más difusión en Cuba, mi hermano se lamentaba de que Gastón había vendido su alma al diablo y de que Orígenes había perdido un gran poeta, que el periodismo lo fagocitaría. Yo, sin antagonizar, no estaba de acuerdo: "Palabras escritas por un inocente en la arena" y "Saúl sobre su espada" habían sido escritos por un poeta para siempre y ese impromptu no se podía acallar. Después salió al destierro y tuvo dificultades económicas. Poco a poco produjo la mayor parte de su obra en Madrid y la poesía le bastaba. En el destierro fue mi gran amigo. Cuando perdí a Orlando me escribió cartas que me daban la calma. Mantuvimos una correspondencia ininterrumpida hasta unos días antes de su muerte.

A mi llegada a España, lo primero era ir a ver a Gastón. Conocía Madrid pulgada a pulgada, la amaba y nadie como él me la mostró con agudeza. En el Monumento a Cuba, en el Retiro, dialogábamos y hacíamos la digestión de alguna comida típica española. Aquella tarde hizo una bella apología de la Avellaneda y casi me convenció. Pero los días que más disfruté su compañía fueron aquellos que, entre montañas de libros, me convidaba a almorzar en su casa y me cocinaba comidas criollas sencillas que me sabían a Cuba.

Ya para mí Madrid no será igual sin Gastón.

TREINTA AÑOS DESPUÉS DE
PARADISO

" Creo que tendrán que pasar 50 años después de mi muerte para que la novela sea captada en toda su esencia" —dijo mi hermano refiriéndose a *Paradiso*. No hemos tenido que esperar tanto. Los exégetas de José Lezama Lima han desentrañado en gran parte la conceptualización de la metáfora lezamiana.

"¿Por qué ese afán de definir lo indefinible? ¿Por qué ese afán de expresar lo inexpresable? ¿Por qué ese afán de apresar lo inapresable?" —dice Lezama refiriéndose al Tao chino.

Desde *Muerte de Narciso* —primer poema conocido de mi hermano, escrito en el año 1932— el poeta buscaba grutas, puentes, encrucijadas y misterios para abrir una posibilidad de vislumbrar la Orplid, la ciudad a la que muy pocos tienen acceso. En ese temerario afán intentó lo imposible: fundamentar un sistema poético del universo, una cosmogonía donde la poesía pudiera sustituir a la religión; un sistema más teológico que lógico para acercar al hombre al mundo del prodigio, a la "terateia griega," y dar soluciones para la resurrección: dar al hombre una alegría que balanceara la amenaza de la muerte.

Un poeta contemporáneo de Lezama planteó, con aparente ingenuidad, que cuando leyó los postulados de su sistema poético creyó que hurgando en las eras imaginarias él también podría escribir grandes poemas, pero que al no obtener resultados satisfactorios, encontró un proverbio chino que le dio la respuesta: "si el hombre erróneo usa el método correcto, el método correcto actuará errónea-mente." La mejor respuesta ya la había dado el mismo Lezama: "yo leo en la poesía y después procuro descifrar." Si la poesía es la respuesta a la ausencia de respuestas, había que encontrar esa respuesta que el hombre busca desde los balbuceos de la filosofía.

Ha dicho el crítico mejicano García Turón: "En Lezama escribir es vivir. 'Escribo luego existo.'" Estamos fundamentados en la palabra.

El humor en nuestra literatura es tema para un largo estudio. La parodia o burla de estilos que mi hermano incluye como características del barroco americano tiene intertextualidad evidente con los textos estudiados por Bakhtin. La carnavalización medieval, que tiene un glorioso momento en el Arcipreste de Hita, es utilizada por Lezama en deslumbrante barroco. *Oppiano Licario*, su novela póstuma, escrita en años de desesperación y tragedia, ejemplifica su sentido del humor; sus poemas últimos, de un dramatismo final, tienen versos que irrumpen en una carcajada: "El violinista de levita morada exclamó: cuá, cuá." "La cómica gorda y el galán enlombrizado." Mi inventario de nostalgias familiares termina siempre con una escala de sonrisas: imágenes, sobrenombres, derivados verbales que están siempre impregnados de una burlita inocente, pero divertida. Ninguna anécdota como ésta, a pesar de su entrañable tragedia, evidencia ese humor latente que acompañó a mi hermano hasta sus últimos momentos: recluido en el hospital, agónico, llegó otro poeta a visitarlo y al preguntarle por su salud, refiriéndose a una mejoría inexistente, le contestó: "Cuando todos creían que iba a descender a la mansión de Hades, me encuentran bailando una rumba con un brujo de Guanaba-coa." Pocos momentos después, moría.

Refiriéndose a que su novela *Paradiso* había sido catalogada como pornográfica, indignado dijo que era una canallada, "porque precisamente si algún autor se ha caracterizado por la gravedad de su obra he sido yo." Mi obra podrá ser censurada por defectos de estilo, pero jamás por motivos éticos, puesto que su raíz es esencialmente la de un auto sacramental." En cierta ocasión un periodista le preguntó directamente si él era católico y qué sentido tenía para él en su obra y en su vida la idea de Dios. Después de aclarar que no era un católico militante, dejó bien claro que se debía a la tradición de Occidente y que se repetía con frecuencia la frase de San Pablo: "A griegos y romanos, a antiguos y modernos, a todos soy deudor." Y deliciosamente insiste en que siempre a la hora de comer recuerda la copla de San Pascual Bailón:

> Baile en su fogón
> San Pascual Bailón.
> Oiga mi oración
> Mi santo patrón.
> Y de mis pecados
> Me dé remisión.

Insistía: "Leo con incansable voracidad. Leo como mortificación, como distracción y como salvación" —me contaba en una de sus cartas. Los estudiosos de su obra deberán atenerse a sus propias palabras:

> Para mí la novela no es problema de técnica, ni un
> problema de estructura, sino un problema de lenguaje,
> un problema de expresión... Es un concepto que se
> acerca más a los cronistas de Indias y se aleja de la
> novela realista.

En el capítulo VI de *Paradiso* (p. 267) Lezama intenta dejar sentado lo que es una metáfora. Utiliza un coloquio entre el protagonista José Cemí y su padre: "el padre muestra al hijo dos láminas que aparecen en un libro. Debajo de las láminas hay dos rótulos que leen así: el bachiller y el amolador. En un momento, el niño coloca el índice en el grabado del amolador al tiempo que su padre decía: "el bachiller." El niño (José Cemí) confunde los términos, así que cuando el padre en días más tarde le preguntó que si él quería ser un bachiller, Cemí contestó: "Un bachiller es una rueda que lanza chispas, que a medida que la rueda va alcanzando más velocidad, las chispas se multiplican hasta aclarar la noche." Como quiera que en ese momento su padre no podía precisar el trueque de los grabados en relación con la voz que explicaba, se extrañó "del raro don metafórico de su hijo. De su manera profética y simbólica de entender los oficios."

En una de sus últimas cartas, me dice: "La realidad y la irrealidad están tan entrelazadas que apenas distingo lo sucedido, el suceso actual y las infinitas posibilidades del suceder":

Aún el mismo José Cemí es y no es mi persona. Es el hombre que busca el conocimiento a través de la imagen, el poeta. Y Oppiano Licario es el que le enseña el conocimiento puro, el infinito causalismo del Eros cognoscente. Es el mito de la lejanía, lo que se ve allá en el mundo tibetano, donde lo invisible se confunde con los visible, el mundo del prodigio.

"Para llegar a mi novela hubo necesidad de escribir mis ensayos y de escribir mis poemas" —ha dicho Lezama. Y a insistencia mía agregaba que para llegar a sus textos había que empezar por interpretar los Evangelios.

Esa hazaña mágica que es *Paradiso* consiste en transformar anécdotas o temas de la cotidianidad en epopeyas por medio de un esfuerzo calisténico intelectual. El lingüista francés Bernard Pottier ha hecho estudios de la metáfora desde un enfoque lingüístico y, en forma diagramática, presenta una campana cuyo eje central es el habla pura, sin desviaciones. Cree que en esa categoría sólo cabría el más riguroso lenguaje científico. A partir de ahí va abriendo verticales concéntricas que corresponderían a las desviaciones metafóricas del habla, de menor a mayor hasta llegar a la metáfora poética. Otro lingüista contemporáneo, Eugenio Coseriu, ha llegado a afirmar que la lengua poética es el idioma pleno y que la desviación parte de ahí hasta los idiolectos más pobres. Quiero decir que Pottier y otras autoridades no consideran el lenguaje poético como una especial desviación, puesto que todo lenguaje, a excepción del escueto lenguaje científico, va alejándose del eje central de la campana. La metáfora es para Pottier lo que percibe el lector o el oyente, pero para el autor, para el creador, esa metáfora se engendró en una cadena metonímica. Si aplicamos esa teoría a la obra de mi hermano todo parecerá más viable; se podrá reducir a lo que él mismo nos indicó: "Se puede comprender sin entender." Esa comprensión no inmediata, sino más elaborada, es en literatura un recurso que pertenecería al privilegio del poder de creación. La polisemia del significado se despliega aún más en el significante por un proceso cultural hipertrofiado en Lezama Lima. Los que se hayan adentrado en su obra —la que exige un sumergimiento— han podido comprobar que tras la metáfora lezamesca hay siempre un concepto, lo que no se puede decir de la metáfora gongorina.

El poder de síntesis de la poesía exige, más que otras manifestaciones literarias, un alto nivel cultural para lograr la dignidad poética. Contaba mi hermano que en la Sorbona de París se suscitó un debate sobre ciertos textos de Valéry y se llegó a la conclusión de que muchas imágenes de Homero eran más difíciles y más indescifrables que las metáforas surrealistas de Paul Valéry. Cuando Homero dice: "Y la cigarra de voz de lirio..." es un texto enigmático para todo el que no tenga sensibilidad poética. Pero esa es la mínima petición que exige a un poeta... que penetre en lo oscuro, en lo invisible, en lo irreal. "En la vida no hay nada incoherente —ha dicho Lezama— puesto que todo tiene un sentido maravilloso."

Estúdiese su sistema poético y se verán las flechas que conducirán a canteras ricas en los procesos visionarios de la "poiesis": era filogeneratriz, orfismo, culturas chinas, lo tanático egipcio, hasta tocar la infinitud. El nivel de lengua se va estratificando en escalas diferentes. El mismo significado puede expresarse con significantes que van de lo impreciso a lo técnico y de lo desnudo a lo bien vestido.

¿Qué necesitan los contextos de Lezama Lima para parir su textos o viceversa? Un lector que no lo obstaculice... "resuelto como un escriba egipcio," decía él refiriéndose al lector que requerían los textos de James Joyce. Ese lector descubre: "ipso facto" que los textos de Lezama, al igual que los textos de Valéry, que los de Joyce, que los de Proust, que los de Borges, no son textos para leer "ad usum." Y que tal vez sean laberínticos, pero nunca callejones sin salida, como puede ocurrir con otras lecturas más "dulzonas."

Cada página, cada párrafo, cada verso de Lezama lleva como respaldo una cosmovisión del mundo de la cultura. Los títulos de sus libros son reveladores: el poeta explica en una carta a Cintio Vitier el porqué del título de su primer libro de poesía, "Enemigo rumor": "...se convierte a sí misma en una sustancia tan real y tan devoradora que la encontramos en todas las presencias... no es la poesía de la luz impresionista, sino la realidad de un cuerpo que se constituye en enemigo y desde allí nos mira."

En un intento por reducir sus textos a una fórmula constante, quedarían: Imágenes que buscan personajes, personajes que se metaforizan y se hacen símbolos, símbolos que se apoyan en mitos para abrirse en abanico de imágenes. Nos dijo: "No podemos ser infinitamente novedosos y sucesivos, pero sí desconcertar un poco al lector. En realidad las mejores lecturas son las que se hacen con infinitas interpolaciones." En sus últimos años más de una vez me subrayó que tenía mucho más que decir que todo lo que había dicho. No olvidemos que el autor de *Paradiso* gustaba de cultivar la tesis de que el asma había influido directamente en su obra, su estilo. Que sus pausas, su puntuación y sus frases estaban hechas con respiraciones verbales y no con relación sintáctica, "porque el hombre aspira lo visible y devuelve la ubre de sus entrañas." Quede así casi todo explicado.

Todos los que conocemos sus textos parecemos estar de acuerdo en que la imagen es el personaje central de *Paradiso*; y yo añadiría que de toda su vida. Severo Sarduy, buen conocedor de la obra del Maestro, cree que "cuando Lezama quiere algo, lo pronuncia." Yo creo que sobre el degustar las palabras, los conceptos, se podrían escribir las páginas que guardaran más realidad con la obra de Lezama. En este breve estudio nos limitaremos a decir que *Paradiso* llega a su climax a la muerte de Rosa Lima, nuestra madre, para disfrutarla en sus más genuinas anécdotas y así volverla a tener en presencia y ausencia en ese Eros de la lejanía. Sirva también una cita de Roland Barthes como respaldo: "Y ese placer del lenguaje es su verdad."

Lezama escribe *Muerte de Narciso* a los 22 años y publica *Paradiso* a los 56. Ese largo espacio de tiempo es la constancia de su afán por recorrer una órbita poética sin concesiones. Pero no le fue posible pernear ni lograr gran eco y buscó entonces los círculos de la novela, si no más profundos, al menos más extensos. Considerando a *Paradiso* y a *Oppiano Licario* como un solo texto, estamos en presencia de una novela totalizadora, irrepetible. "No escribiré más novelas" —me dijo más de una vez.

Una empatía con la estructura de su obra exige un proceso de interrelación. Aún aceptando que el barroco pueda darnos salidas confusas, un escritor como Lezama no tiene más redención que utilizar la teoría del espejo, del doble, un arte de contrastes y tensiones que lograrán una comunión esotérica, hermética, sin visible entrega. Nos lega, sin embargo, textos armónicos que, con candor y fe buscan un escondido lector frenético que quiera acompañarlo a atravesar la aparente realidad: más que un lector un coautor.

Si el barroco es "la visión de un mundo roto a través de un prisma de cambiantes aspectos metafóricos, que hallan su unidad en Dios" (cierro la cita de Herbart Cizard), Lezama Lima tejió la mágica urdimbre de trenzar esos valores espirituales con otros bien mundanos, logrando un arte de posibilidades infinitas. Con ese "barroco pinturero, avispón de domingo" que Lezama concede al americano, el señor Barroco se transforma y señorea. Pero graciosamente nos da fórmulas y advertencias de que no se debe colgar el título de barroco a "cualquier 'clown' que vuele como un pájaro desconocido."

Dijo Lezama: "¿Tengo yo un estilo? ¿Se me puede considerar un escritor que tenga un estilo? Lo que me ha interesado es penetrar en el mundo oscuro que me rodea." Si respetamos al autor, aceptemos su reto: "Hay que sentir como las plantas, vivir como los animales y pensar como los ángeles."

COLECCIÓN CUBA Y SUS JUECES
(libros de historia y política publicados por EDICIONES UNIVERSAL):